Daniela Feix-Mag

Wörter sind Schätze

Spielerisch die Sprache entwickeln

unter Mitarbeit von Jutta Wetterich

Burckhardthaus

Die Reihe „Ideen für Eltern" wird von dem bekannten Spiel-
pädagogen Hajo Bücken herausgegeben. Sie wendet sich an alle
Eltern – an Väter wie Mütter –, an Alleinerziehende sowie an alle
im Bereich Familie tätigen Fachkräfte.
Es erscheinen mehrere Bände im Jahr mit mehr praktischer oder
mehr thematischer Ausrichtung.
Die Bände sind einzeln oder fortlaufend zu beziehen. Bei fort-
laufendem Bezug sind 15% einzusparen.

Die deutsche Bibliothek – CIP-Einheitsaufnahme

Feix-Mag, Daniela:
Wörter sind Schätze : spielerisch die Sprache entwickeln /
Daniela Feix-Mag. Unter Mitarb. von Jutta Wetterich. –
Offenbach/M. : Burckhardthaus-Laetare-Verl., 1996
  (Ideen für Eltern)
  ISBN 3-7664-9318-3

Lektorat: Hajo Bücken, Bremen
Titelillustration: Konny Riedl, München
Produktion: Rex Verlagsproduktion, München
Druck und Verarbeitung: RGG-Druck, Braunschweig

Verlagsinformationen:
Jünger Service, Schumannstraße 161, 63069 Offenbach
Tel.: 069/84 00 03 - 22 (0) Fax: 069/ 84 00 03 33

Inhalt

Worte
finden

Wie Wasser auf die Wurzeln des
Baumes wirken die Vorbilder aus der
Umwelt auf die Sprachentwicklung
des Kindes, wie die Sonne wirken
Liebe, Wärme und Akzeptanz.

Was ist eigentlich Sprache?

Stellt man Erwachsenen diese Frage, kommt spontan die Antwort: „Kommunikation". Eine Umfrage unter Kindern im Alter von 6 bis 10 Jahren brachte folgende Antworten hervor: „Die deutsche Sprache",

Sprach-verständnis und Sprach-produktion entwickeln

„Das kann man sprechen", „Reden, schimpfen, schreien", „Wenn man sich unterhält", „Englisch", „Zeichensprache", „Zähne, die sprechen", „Das, was wir sagen, aber das müssen wir dann auch halten".

Die Standardantwort der Erwachsenen zeigt, daß Sprache einige wichtige Funktionen, die wir unter dem Oberbegriff „Kommunikation" zusammenfassen, erfüllt:

Mit Sprache kann ich meinen Gefühlszustand kundtun, an andere appellieren, situationsangemessen handeln, andere Menschen etwas fragen, oder über einen Sachverhalt berichten.

Aber Sprache ist noch viel mehr:

- Mit Sprache können wir verallgemeinern
- Dinge beschreiben, die gar nicht zu sehen sind
- Merkmale und Erfahrungen zusammenfassen
- abstrahieren, zuordnen, vergleichen
- Beziehungen herstellen
- die Gedanken ordnen
- Normen, Regeln und Gesetze festlegen
- Wissen vermitteln und über Generationen weitergeben
- logisch denken
- die eigene Persönlichkeit kennenlernen
- an Vergangenes erinnern und Zukünftiges planen

Welche „Wunder" der Einsatz von Sprache im Spiel zweier Kinder vollbringen kann, zeigt das folgende Beispiel:

Michael hat einen Freund zu Besuch. Die beiden Kinder spielen im Kinderzimmer mit zwei Stühlen. Michael erklärt: „Das ist jetzt unsere Eisenbahn. Komm, wir fahren nach Afrika." Sein Freund ist gleich bei der Sache. Er fährt mit. Mit Hilfe der Sprache lassen sie einen Urwald entstehen, verstecken sich vor wilden Tieren und suchen Wasser in der Wüste.
Die Mutter kann die Kinder nicht hören und wundert sich, daß sie sich so intensiv mit zwei Stühlen beschäftigen können. Für die Mutter spielen die Kinder nur mit zwei Stühlen.

Um alle die oben genannten Fähigkeiten ausführen zu können, müssen wir große Leistungen vollbringen: *Erstens Sprachverständnis entwickeln und zweitens Sprache produzieren können.* Was dies im einzelnen bedeutet, erläutern die folgenden Beispiele.

Sprachverständnis

Nicht zuletzt haben wir Begriffe wie z.B. *„leere Worte"* in unserem Sprachgebrauch.

Hierzu ein Beispiel:
Was sagt Ihnen der Satz: „Er beherrscht die Epistolographie"? Sind Sie in Fremdworten nicht so bewandert? Möchten Sie, daß dieser Satz dennoch für Sie einen Sinn bekommt? Dann schlagen Sie doch einfach im Fremdwörterlexikon nach.

Wörter und Sätze symbolisieren ganz bestimmte Dinge, Zustände oder Handlungen.

So kann auch der Satz aus dem Beispiel erst verstanden werden, wenn das Wort „Epistologra-phie" eine Bedeutung hat. Übrigens: „Epistolographie" ist die Kunst des Briefeschreibens. Es reicht also nicht, einfach nur Worte aneinanderzureihen. Wichtig für die Kommunikation ist, daß die Worte eine Bedeutung haben.

Sprachproduktion

Zur Sprachproduktion gehören vor allem:

> **Atmung**
> **Lautgebung** *(nicht „lottela-de", sondern „Schokolade")*
> **Stimmklang** *(Sprechmelodie, Sprechtempo, Betonung und Sinnpausen)*
> **Grammatik**
> **aktiver Wortschatz**

Der aktive Wortschatz ist wichtig für den sprachlichen Ausdruck, denn was nützt es einem Kind, wenn es zwar das oben beschriebene Sprachverständnis besitzt, dieses aber nicht aktiv umsetzen kann. Wer schon einmal eine Fremdsprache gelernt hat, kann dies nachempfinden: Wir verstehen mehr Wörter, als wir sprechen können. Das Sprachverständnis ist größer als die Möglichkeiten der Sprachproduktion (aktiver Wortschatz, Grammatik, etc.).

Sprachproduktion bedeutet zu-
sammengefaßt:
Die richtigen Laute mit der richtigen Betonung im richtigen
Sprechtempo sprechen.
Die richtigen Worte wählen.
Die Atmung richtig einsetzen,
und alles in die richtige Grammatik verpacken, damit der Inhalt
des Gesagten für die Zuhörer
verständlich wird.

Spielend sprechen lernen

Die Anlage zum Sprechen besitzt jeder Mensch. Die Sprach-
fähigkeiten sind somit angebo-
ren, für deren Entfaltung sorgen
jedoch verschiedene Faktoren.

Die nachfolgende Graphik eines
Baumes verdeutlicht, wie die
Faktoren zusammenwirken müssen, damit Sprache sich entwickeln kann:
Lebensumwelt, Kultur und Ge-
sellschaft sind der Nährboden,
auf dem unser Sprachbaum
wächst.
Die Wurzeln bestehen aus verschiedenen Fähigkeiten, deren

Grundlagen bereits im Säuglingsalter gelegt werden. Ob und wie
sich Sprache bei jedem einzelnen Kind entwickelt, hängt von
seiner individuellen Lebenssitua-
tion ab und wie es alle diese
Faktoren, Fähigkeiten und Leistungen miteinander verknüpfen
und erweitern kann (diese Ver-
knüpfung nennt man sensomo-
torische Integration).
Unser Baum wächst weiter:
Auf den bisherigen Grundlagen
entwickeln sich Sprachverständnis und Sprechfreude, schließ-
lich Grammatik, Wortschatz und
Artikulation. Ohne Wasser und
Wärme kann ein Baum nicht
wachsen: *Wie Wasser auf die
Wurzeln des Baumes wirken die
Vorbilder aus der Umwelt auf
die Sprachentwicklung des Kindes, wie die Sonne wirken Liebe, Wärme und Akzeptanz.*
Stimmen alle diese Faktoren und
stehen sie in richtigem Verhältnis
zueinander, kann sich Sprache
bei einem Kind entwickeln und
später immer weiter differenziert
werden, vergleichbar mit dem
Wachstum eines Baumes, der
immer größer wird und sich
mehr und mehr verästelt.

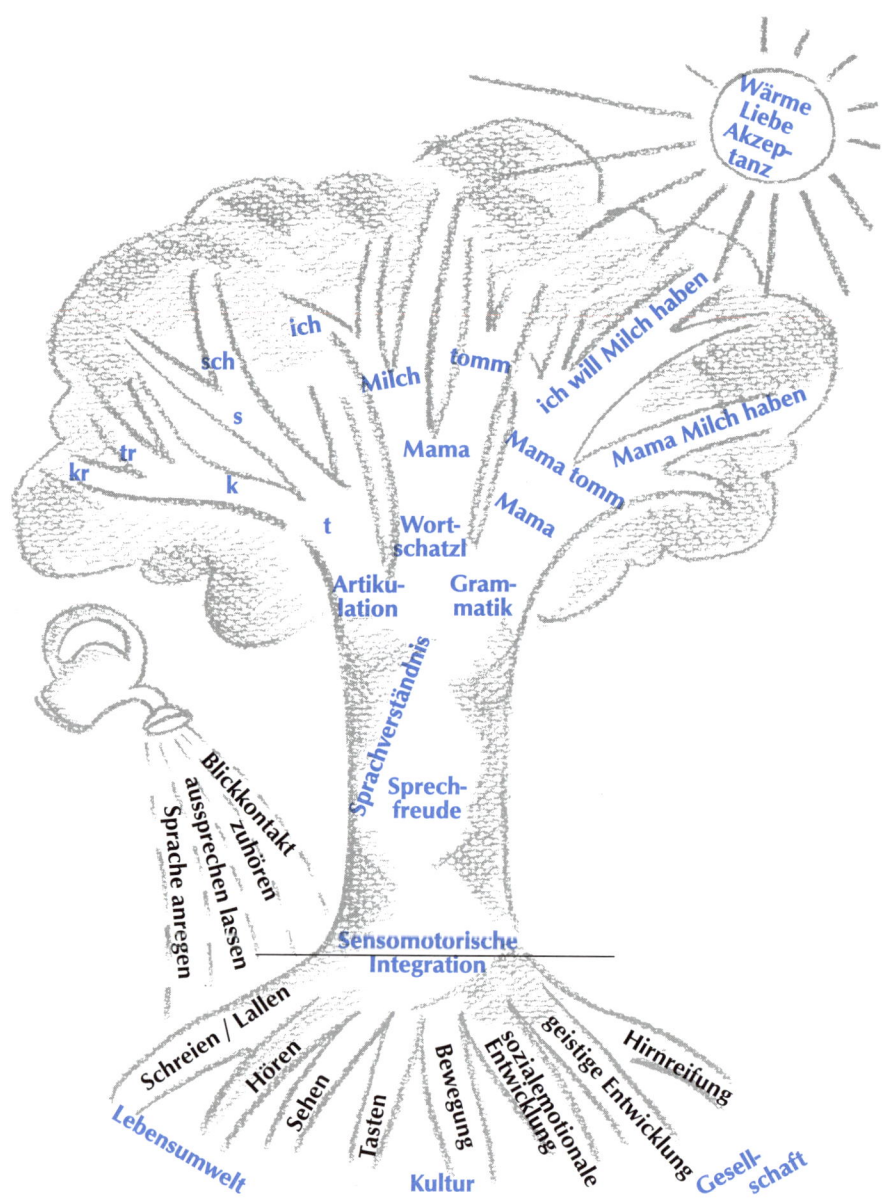

Graphik entnommen aus: Wolfgang Wendlandt,
Sprachstörungen im Kindesalter,
Hrsg. Luise Springer/Dietlinde Schrey-Oern, 1992, Thieme-Verlag

Kinder lernen sehr viel durch die Beobachtungen von „Modellen". Sie beobachten, ahmen nach, imitieren und experimentieren. Da die Eltern meist die wichtigsten Bezugspersonen ihrer Kinder sind, tragen sie eine große Verantwortung als Sprachvorbilder ihrer Kinder.

Beschäftigen sich Eltern zu wenig mit einem Kind, kann die Sprachentwicklung möglicherweise nicht richtig voranschreiten. Gleiches gilt, wenn der Fernseher die zwischenmenschliche Beziehung ablöst. Monotone Fernsehsprache kann kein Ersatz für emotionales, kommunikatives Miteinander sein.

Sprechen und spielen die Eltern häufig mit ihrem Kind, erhält es viele Gelegenheiten zum „Nachmachen" und damit zum Erlernen der Sprache. Zeigen die Eltern Freude, wenn ein Kind gesprochen hat oder wird es gelobt, ist das natürlich ein Anreiz, dieses öfter zu tun.
Erfährt es eher Gleichgültigkeit oder Desinteresse als Reaktion auf sein Sprechen wird es wahrscheinlich weniger sprechen und statt dessen nach anderen Verhaltensweisen suchen, um die Aufmerksamkeit der Eltern zu erregen.

Sprache entwickelt sich natürlich nicht nur durch das Angeborensein und das Nachahmen der Eltern. Auch die Möglichkeiten, mit der Umwelt eigene Erfahrungen zu sammeln, sind für das Kind sehr wichtig.

Am Anfang der Sprachentwicklung untersucht ein Baby Gegenstände, ertastet diese mit dem Mund, koordiniert diese Erfahrungen, speichert sie, verknüpft sie mit anderen Erfahrungen (z.B. mit Seh- und Hörerfahrungen) und probiert aus. Es hört, wie die Namen der Gegenstände genannt werden. Im Laufe der Sprachentwicklung ist es interessant zu beobachten, wie Kinder dann immer mehr von dem Gegenstand oder der Situation abweichen und abstrahieren können.

Das sprachliche Verhalten der Eltern liefert die Informationen für das lernende Kind.

Beispiel Das folgende Beispiel gibt (natürlich nur sehr vereinfacht) die komplizierten Entwicklungszusammenhänge wieder: Als Baby hat Jonas unter anderem viel mit einem Auto experimentiert. Er hat es in den Mund gesteckt, auf den Boden geworfen, wieder aufgehoben, hat es fahren lassen, ist hinterhergekrabbelt.

Diese wichtigen Greif- und Bewegungserfahrungen mit dem Gegenstand Auto sind die Grundlage für die Fähigkeit, das Wort „Auto" sprechen zu können.

Diese Erfahrungen werden mit anderen Erfahrungen verknüpft. Zum Beispiel hört er immer wieder, wie die Mutter den Satz „Das ist ein Auto" spricht. Später plappert Jonas „Auto" nach. Nach und nach bekommt dieser Begriff für Jonas durch die vielen Wahrnehmungs- und Bewegungserfahrungen einen Sinn. Er kann aber zunächst nur „Auto" sagen, wenn er diesen Gegenstand in der Hand hält. Später kann er „Das ist ein Auto" sagen, und es reicht aus, wenn er ein Bild von einem Auto sieht, und noch später kann er etwas rund um das Auto erzählen, wenn er nur daran denkt. Mit Phantasie kann er ganze Geschichten erfinden und nachspielen.

Im folgenden wollen wir einen Blick auf die zeitliche Abfolge der Sprachentwicklung werfen. Doch Achtung: Tabellen, die eine bestimmte Entwicklung wiedergeben, sind immer mit großer Vorsicht zu genießen. Dennoch ist es schwierig, ganz ohne Zahlen einen Entwicklungsverlauf darzustellen. In der Sprachentwicklung ist dies nicht anders.

Jedes Kind macht eine individuelle Entwicklung durch. Daher dient der folgende Ablauf auch nur der Übersicht. Abweichungen von bis zu einem halben Jahr können noch im normalen Bereich liegen und sind kein Grund zur Besorgnis.

Der zeitliche Ablauf

Annas erster Monat – Reflexschreie

Das Neugeborene zeigt Reflexschreie auf innere und äußere Reize. Das Schreien ist für die Ausbildung der Atmungs- und Sprechorgane gesund. Leises Sprechen kann beruhigend wirken.

2-3 Monate – Eltern können das Schreien „verstehen"

Bisher bringt Anna scheinbar undifferenzierte Schreie hervor. Aber ihr Gefühlszustand drückt sich schon im Schreien aus. Mutter und Vater können das Schreien bereits differenzieren. Wenn sie naß ist, schreit sie anders als wenn sie Hunger hat. Sie erzeugt spielerisch Gurgel-, Sprudel- und Schnalzlaute.

3-6 Monate – Periode des zufälligen Lallens

Sie beginnt jetzt durch verschiedene Lippen- und Zungenstellungen Laute zu bilden. Es bleibt mehr oder weniger dem Zufall überlassen, welche Lautkombinationen dabei entstehen. In dieser Lallphase können alle Kinder alle Laute dieser Welt nachahmen. Einige, nämlich die der Muttersprache, bleiben erhalten und verfestigen sich, andere gehen wieder verloren. Anna baut durch Laute und Mimik (z. B. Lachen) Kontakte zu anderen Personen, aber auch zu Gegenständen auf.

6-12 Monate – Periode der absichtlichen Lautnachahmung

Anna befindet sich jetzt im Stadium der zweiten Lallphase. Sie ahmt nicht nur sich selbst nach, sondern auch Laute, die sie bei anderen Personen hört. Sie spielt mit der Sprache, indem sie Laute rhythmisch wiederholt, zum Teil ohne zu verstehen, was sie sagt.

Gegen Ende des ersten Lebensjahres beginnt auch die Entwicklung des *Sprachverständnisses.* Die Worte erhalten jetzt einen Sinn für Anna.

13-18 Monate - Einwortsätze

Anna ahmt die Sprache der Erwachsenen nach. Sie beobachtet die Personen aus ihrer Umgebung mit Aufmerksamkeit und beginnt, sich Laut- und Wortklänge zu merken. Sie kann nun in *Einwortsätzen* sprechen und meint den ganzen Satz. Wenn sie ein Wort spricht – „Papa" – kann es auch Onkel, Opa, Mann usw. heißen. Es kann aber auch (je nach Stimmhöhe oder Mimik) heißen: „Papa, spiel mit mir; Papa, ich habe Angst." Der Wortschatz beträgt etwa 30 bis 40 Wörter.

1,5-2 Jahre – Zweiwortsätze

Anna kann jetzt schon in *Zweiwortsätzen* sprechen. Sie erkennt jetzt, daß jedes Ding einen Namen hat und fragt durch Anheben der Stimme am Ende eines Wortes nach den Namen der Gegenstände, die jetzt die Kommunikation bestimmen. Sie ist im *1. Fragealter* und kann später auch „Was?, Wo?, Wer?"-Fragen stellen. Der Wortschatz beträgt etwa 90-200 Wörter.

2-3 Jahre – Mehrwortsätze

Sie spricht in *Mehrwortsätzen.* Auch benutzt sie die Mehrzahl. Allerdings neigt sie leicht zu Übergeneralisierungen wie zum Beispiel: „Auto" – „Autos", „Löwe" – „Löwes". Das *2. Fragealter* beginnt (und damit die „Warum?-Fragen", die Eltern so sehr lieben). Sie beherrscht jetzt etwa 900 Wörter.

3-4 Jahre – schwierige Lautverbindungen

Anna hat den Höhepunkt der „Warum?-Fragen" erreicht (und treibt die Eltern schier zum Wahnsinn). Jetzt sind nicht mehr in erster Linie die Gegenstände Thema der Kommunikation. Menschen aus der näheren Umgebung werden nun in den Mittelpunkt gestellt. Bisher ist sie schwierigen Lautverbindungen ausgewichen, diesen stellt sie sich nun. Sie spricht in *Nebensätzen.*

4-5 Jahre – Sprachentwicklung weitgehend abgeschlossen

Sie beherrscht nun alle *Laute und Lautverbindungen* und kann Sätze mit Ausnahme geringer Regelverstöße richtig bilden. Sie kann sich gut mit anderen Personen unterhalten. Im Alter von 6 Jahren ist die Sprachentwicklung in den Grundzügen abgeschlossen. Weitere Verfeinerungen und Ergänzungen des Wortschatzes finden immer wieder statt.

An die eigene Nase fassen

Liebe Eltern,

nun heißt es, an die eigene Nase fassen. Wie wichtig die Sprachvorbildfunktion der Erwachsenen für die kindliche Sprachentwicklung ist, wurde bereits beschrieben.
Aber ... *wie sprechen wir eigentlich mit Kindern?*
Wie gehen wir damit um, wenn es mal ein wenig länger dauert, bis ein Satz ausgesprochen wird? Oder wenn eine Geschichte, die uns ein Kind erzählt, gar kein Ende nimmt, obwohl wir doch einen wichtigen Termin haben und ganz schnell weg müssen? Was machen die „Großen", wenn die Kleinen heute mal nicht erzählen wollen, wie es im Kindergarten war, obwohl Mama oder Papa darauf brennt, zu erfahren, was der Filius erlebt hat. Und verlangen wir von Kindern nicht auch häufig, daß sie nicht dazwischenreden, wenn sich Erwachsene unterhalten? Überprüfen wir doch mal, wie oft wir selbst Kinder im Gespräch oder im Spiel unterbrechen. Abgesehen von diesen Situationen ist es auch oft unsere eigene Sprache, unsere „Erwachsenensprache", die Kinder sehr verunsichert. Für unser eigenes Sprechen und Sprechsituationen im Umgang mit Kindern finden Sie im folgenden eine „Checkliste", anhand derer Sie feststellen können, ob Ihr eigenes (Sprach-) Verhalten im Interesse des Kindes ist.

Checkliste

■ Ich strahle eigene Ruhe aus und schaffe daher eine ruhige Atmosphäre.

■ Ich drängle das Kind nicht, etwas zu erzählen.

■ Ich widme dem Kind meine ganze Aufmerksamkeit, wenn es spricht.

■ Ich begegne dem Kind mit Respekt und akzeptiere es als vollwertigen Gesprächspartner.

■ Ich spreche in ganzen Sätzen:
So nicht: „Gib mir das mal."
Aber so: „Gib mir bitte mal das Blatt."

■ Ich fordere das Kind nicht zum richtigen Nachsprechen auf. Fehler während der Sprachentwicklung sind völlig normal. Durch die Betonung von „richtig" und „falsch" wird ein unnötiges Störungsbewußtsein aufgebaut. Es reicht, wenn ich den Satz richtig wiederhole.
So nicht: „Du machst dauernd Fehler. Sag noch mal richtig Schokolade und nicht lottelade."
Aber so: „Du möchtest Schokolade essen."

■ Ich bestrafe das Kind nicht, wenn es etwas Falsches sagt. So nicht: „Wenn du nicht Schokolade sagen kannst, dann kriegst du auch keine."
Aber so: „So, du willst also Schokolade essen? Hier hast du ein Stück."

■ Ich kommentiere mein eigenes Handeln und erkläre dem Kind, was ich gerade tue.

■ Ich lese dem Kind viele Geschichten vor und spreche nach dem Vorlesen nochmals darüber.

■ Wenn das Kind mir etwas erzählt, lasse ich es aussprechen und gehe anschließend auf den Inhalt ein.

Checkliste

■ Ich schraube in manchen Situationen meinen eigenen Redefluß etwas zurück, so daß das Kind auch zu Wort kommt.

■ Ich spreche langsam und ruhig in einfachen, kurzen Sätzen.

■ Ich reagiere nicht immer sofort auf den kleinsten Fingerzeig des Kindes, da es sonst keine Notwendigkeit sieht, Sprache zu gebrauchen.

■ Ich spreche Gedanken des Kindes nicht selbst zu Ende, auch wenn ich genau weiß, was es sagen möchte. Nur durch eigene Übung kann das Kind Sprache lernen und verbessern, auch wenn das oft mehr Zeit in Anspruch nimmt.

■ Ich spreche nicht in der Babysprache.

Es ist vollkommen normal, daß das Kind anfangs aufgrund der noch geringen Mundgeschicklichkeit in einfachen Worten spricht (zum Beispiel wauwau statt Hund). Eine stufenweise Anpassung an die Erwachsenensprache kann jedoch nur erfolgen, wenn das Kind sich am normalen Sprechen der Eltern orientieren kann.

Wie viele Kreuzchen haben Sie gemacht?
Natürlich ist klar, daß es immer wieder Situationen gibt, in denen gestreßte Mütter und Väter alle diese Regeln nicht beherzigen können. Aber auch ein Kind merkt ganz genau, ob Vater ihm gerade nicht zuhört, weil er noch ein wichtiges Telefonat zu erledigen hat (das kann man erklären, und das Kind muß lernen einzusehen, daß es auch mal warten muß) oder ob der Fernseher nebenbei läuft und das Interesse, zuzuhören geheuchelt ist.

Familien-
spaß
Sprache

Sprach- und Sprechspiele machen
Kindern Spaß. Sie sprechen
miteinander und sammeln
spielerisch Erfahrungen mit
ihren sprachlichen Möglichkeiten.

Sprachspiele auf die Schnelle

Quatschgeschichten, -lieder oder -spiele machen Kindern besonders großen Spaß, da nun endlich einmal gewohnte, mühsam erlernte Ausdrucksformen verlassen werden dürfen. Dadurch wird die Aufmerksamkeit der Kinder auf die Sprache gelenkt. Wie leicht läßt sich doch der Inhalt einer Geschichte verändern, lassen sich andere zum Lachen bringen. Mit ein paar verdrehten Worten können Kinder also Emotionen hervorrufen. Eine wichtige Erfahrung. Folgende Spiele eignen sich gut zur Überbrückung von Wartezeiten, z.B. im Wartezimmer des Arztes.

Spiele überbrücken Wartezeiten, z.B. bei längeren Autofahrten

Richtig oder falsch?

Einer der Mitspieler stellt eine Behauptung auf, zum Beispiel: *„Alle Häuser haben ein rotes Dach! Richtig oder falsch?"* dann nennt er schnell einen Namen, und der angesprochene Mitspieler sollte sagen, ob die Behauptung zutrifft oder nicht. Hat er das getan, darf er seinerseits eine Frage stellen und dann den Namen desjenigen nennen, der die Frage beantworten soll.
Jeder der Mitspieler muß sich somit die richtige Antwort überlegen, aber nur der Angesprochene darf antworten.

Mit Kindern ab **5** Jahren

Variante für die Kleineren

Die Behauptungen beziehen sich immer auf einen Bereich, so daß der Anfang der Sätze gleich bleibt. Die Fragen werden immer nur von einem der Mitspieler gestellt.
Zum Beispiel:
„Hier im Zimmer gibt es einen Kochtopf.
Richtig oder falsch?"
„Hier im Zimmer sitzen alle Leute.
Richtig oder falsch?"
„Hier im Zimmer gibt es rote Meerschweinchen... "
„Hier im Zimmer... "

Mit Kindern ab **3** Jahren

Ich seh', ich seh'...

Mit Kindern ab **4** Jahren

Für dieses Spiel benötigen wir ein Bilderbuch mit vielen kleinen Bildern. Zu empfehlen sind hierbei die Wimmelbilder (zum Beispiel von Ali Mitgutsch).
Am besten ist dieses Spiel für zwei bis drei Spieler geeignet, da so jedes Kind einen guten Blick auf die Bilder hat. Nun einigen sich die Mitspieler auf eine Buchseite, die dann aufgeschlagen wird.
Das erste Kind umschreibt eine abgebildete Szene und sagt zum Beispiel: *„Ich seh', ich seh' ein Kind, das hat einen roten Pullover an. Es hat einen kleinen Hund an der Leine und will gerade über die Straße gehen."*
Die anderen Mitspieler suchen nun die beschriebene Szene auf den Bildern. Wenn sie gefunden ist, kommt das nächste Kind an die Reihe.

Ich glaube, ihr wißt, wer das ist

Mit Kindern ab **4** Jahren

Ein Mitspieler beginnt und denkt sich eine Person aus, die alle kennen. Das Rateteam, bestehend aus dem Rest der Familie, muß durch Nachfragen herausbekommen, an welche Person der Mitspieler denkt. *Dieser darf nur mit ja oder nein antworten.* Wenn das Rateteam die Person nicht errät, darf ruhig mit ein paar Hinweisen nachgeholfen werden.

Ich glaube, ihr wißt, was das ist

Mit Kindern ab **4** Jahren

Nun benötigen wir ein Lotto- oder Memoryspiel. Gegenstände sollen erraten werden. Wieder wird ein Mitspieler ausgedeutet, der anfangen darf. Er zieht verdeckt ein Kärtchen und

schaut sich den darauf abgebildeten Gegenstand an. Nun beginnt er, diesen Gegenstand zu umschreiben.
Die Mitspieler raten fleißig drauflos. Fällt dem ersten Mitspieler keine Umschreibung mehr ein und haben die anderen den Gegenstand noch nicht erraten, dürfen diese natürlich Fragen stellen.

Bei Katze denke ich an Maus

Ein Mitspieler nennt den Namen eines anderen und sagt zum Beispiel: *„Luise. Ich denke an Katze!"* Luise antwortet: *„Bei Katze denke ich an Maus ."* Nun ist Luise an der Reihe und fragt den nächsten Mitspieler: „Christoph, ich denke an Maus!" Christoph antwortet nun: „Bei Maus denke ich an Käse." Die Spieler einigen sich auf mehrere Spielrunden. Ist das Spiel zu Ende, wird versucht, gemeinsam noch mal alle Begriffe zu nennen. Zum Beispiel: Katze, Maus, Käse,...

Mit Kindern ab **5** Jahren

Sätze bilden

Ein Mitspieler fängt mit einem Wort an. Zum Beispiel *Der.* Der nächste Mitspieler wiederholt das Wort und fügt ein neues hinzu. z.B. *Der Mann.* Weiter geht es mit dem dritten Mitspieler. Dieser wiederholt die ersten beiden Worte und fügt ein drittes hinzu, z.B. *Der Mann geht...* Jeder Mitspieler wiederholt immer den ganzen Satz und fügt noch ein Wort hinzu. Das Spiel endet, wenn ein Satz sinnvoll beendet ist. Dann wird die Anzahl der Wörter gezählt oder der Satz aufgeschrieben.
Beim nächsten Mal versuchen die Mitspieler einen Rekord aufzustellen und einen längeren Satz zu bilden.

Mit Kindern ab **5** Jahren

Alles, was man tragen kann

Mit Kindern ab 7 Jahren Benötigt werden für dieses Spiel eine *Eieruhr,* ein Stück *Papier* und ein *Stift.* Zunächst wird ein Mitspieler zum Spielleiter benannt. Er nennt den anderen einen Oberbegriff, zum Beispiel: *Alles, was man tragen kann.* Dann stellt er die Eieruhr auf eine vorher festgelegte Zeit. Die anderen nennen nun reihum (nicht durcheinander) so viele Begriffe von Dingen, die man tragen kann, wie ihnen einfallen. Der Spielleiter schreibt den Oberbegriff auf und macht für jeden genannten Begriff einen Strich auf seine Liste. *Klingelt die Uhr, ist diese Runde beendet,* und das Blatt wird so abgeknickt, daß niemand mehr die Strichliste sehen kann.

Für die nächste Runde wird ein neuer Spielleiter bestimmt und das Blatt wieder mit einem Oberbegriff versehen. Zum Beispiel: *Alles, was sauer schmeckt.* Wieder werden alle genannten Begriffe mit Hilfe der Strichliste gezählt und anschließend der beschriftete Teil des Blattes nach hinten umgeknickt. Wenn alle Mitspieler einmal Spielleiter waren, ist das Spiel zu Ende. Nun tippt jeder Spieler, auf welcher der Listen sich die meisten Striche befinden, wo also die meisten Begriffe innerhalb der Zeit gefunden wurden. Jetzt erst wird das Blatt ganz aufgeklappt, so daß alle Strichlisten untereinander zu sehen sind. Jeder Spieler kann nun sehen, ob er richtig geschätzt hat.

Ich kenne ein Tier – das spielt Klavier

Mit Kindern ab 6 Jahren Die Mitspieler versuchen, den Satz mit einem Reimwort zu beenden. Je unrealistischer die Satzergänzungen sind, desto lustiger wird das Spiel.

Beispiel	Ich kenne einen Hund – der ist kunterbunt. Ich kenne ein Pferd – das sitzt auf dem Herd. Ich kenne eine Maus – die lebt im Schneckenhaus.

Geheimsprache

Alle Mitspieler denken sich eine Geheimsprache aus. Zum Beispiel kann man alle Vokale (ähnlich wie das Lied „Drei Chinesen…") durch einen Vokal ersetzen.
Dann werden gemeinsam oder der Reihe nach Wörter und Sätze gesprochen. Haben alle Mitspieler ein wenig Übung und sich auf den neuen Sprachrhythmus eingestellt, kann immer ein Spieler einem anderen Fragen stellen, die dieser dann auf die gleiche Weise beantworten muß.
Ein Beispiel:
Frage: „Wo goht os dor hote? (Wie geht es dir heute?)
Antwort: „Donko, os goht mor got!"
(Danke, es geht mir gut!")

Mit Kindern ab **6** Jahren

Frau Dick und Frau Dünn

Das Spiel kann mit zwei Personen oder auch als Gruppenspiel mit zwei Mannschaften gespielt werden. Es gilt, so schnell wie möglich Gegensätze zu finden.

Mit Kindern ab **4** Jahren

1. Mitspieler/Gruppe	2. Mitspieler/Gruppe
Frau Schwarz	Frau Weiß
Frau Schnell	Frau Langsam
Frau Hoch	?

Rätsel

Rätsel machen Kindern viel Spaß. Dabei ist es nicht schlimm, wenn der ein oder andere Begriff nicht gleich erraten wird. Mit ein paar Tips und kleinen Hinweisen stellt sich bald der „Aha-Effekt" ein, der auch bei erwachsenen Rätselratern immer wieder Freude auslöst.

(Alle Rätsel von L. und A. Feix.)

Mit Kindern ab
5 Jahren

Tierrätsel

Es ist ein kleines graues Tier,
hat Fell und auch vier Beine.
Es wohnt im Garten vor der Tür,
ist meistens nicht alleine.
Manchmal piepst es drinnen laut
und – hast du grad nicht hingeschaut,
räumt es die Speisekammer aus –
jetzt weißt du es, es ist die ....

Maus

Ein Tier mit furchtbar großen Ohren,
ist in Afrika oder Indien geboren.
Es hat dicke Beine und viele Falten
und kann mit der Nase Baumstämme halten.
Hast du schon das Tier erkannt?
Es ist ein dicker.............................

Elefant

Das Tier hat meistens Strümpfe an,
sieht's eine Maus, schleicht es sich an,
hat überall ganz weiches Fell,

mal dunkel, mal gestreift, mal hell.
Es schleicht ganz sacht auf weichen Tatzen,
Erkennst du es, es sind die ....

Katzen

Es ist viel kleiner noch, als eine Maus
und kriecht mal mit, mal ohne Haus,
durch Wiesen, Feld und Garten.
Es sitzt auch manchmal im Salat,
was Vater gar nicht gerne hat.
Es gibt sehr viele Arten.
In ihrem Haus, da spielen sie verstecken,
weißt du es schon, es sind die ....

Schnecken

Teekessel-Rätsel

Es ist immer ein Begriff zu raten, der ähnlich wie im Teekes-
selspiel eine doppelte Bedeutung hat. Jede Bedeutung wird
in jeweils einer oder zwei Zeilen erklärt.

Mit Kindern ab
7 Jahren

1. Sie wächst im Herbst an einem Baum.
2. Durch Licht erhellt sie uns den Raum.

Birne

1. Auf der Straße läufst du darauf.
2. Hast du dich verletzt, klebst du es auf.

Pflaster

1. Aus diesem fließt das Wasser raus.
2. Der andere kräht tagein, tagaus.

Hahn

1. Ist's draußen heiß, dann kannst du's lutschen.
2. Ist's draußen kalt, kannst du drauf rutschen.

Eis

1. In deinem Zimmer ist es,
   wenn du nach oben siehst.
2. Im Bett hält's dich warm,
   wenn du es über dich ziehst.

Decke

1. Die Wurzeln der Bäume wachsen dort
   unten, an einem dunklen Ort.
2. Und auch dem Planeten, auf dem wir leben,
   hat man diesen Namen gegeben.

Erde

1. Im Märchen gibt es Ungeheuer,
   die spucken meistens mächtig Feuer.
2. Im Herbstwind kannst du sie steigen sehn,
   wie sie am Himmel ihre Runden dreh'n.

Drachen

Bücher zum Thema

W. Peukert: Sprachspiele für Kinder (rororo)
Ein Vorlesebuch für Kinder von 4-8 Jahren. Das Buch enthält
Reime, Wortverwechslungen, Verwirrgeschichten und ande-
re Sprachspiele zum Vormachen und Mitmachen.

W. Singer/C. Funke: Sprachspiele für Kinder (Ravensburger)
Humorvolle Sammlung von Spielanregungen, Reimen, Rät-
seln und Rategeschichten.

Gesellschaftsspiele

Die Sprache ins Spiel bringen – am Beispiel Lotto

Alle Formen von Gesellschaftsspielen eignen sich zur Erweiterung kommunikativer Möglichkeiten, vorausgesetzt, das Spiel wird sprachlich begleitet. Aber auch das soziale Lernen, das Regellernen, Gedächtnistraining, Konzentration, Feinmotorik und Wahrnehmung seien hier erwähnt. Am Beispiel „Lotto", wird aufgezeigt, daß es Kindern Spaß machen kann, bestimmte Sprachstrukturen in das Spiel einzubauen.

Nicht sprachlos spielen:
Meist läuft ein Lottospiel folgendermaßen ab: Ein Kind hebt ein Bildkärtchen hoch und zeigt es den anderen Kindern. Das Kind, das dieses Bild auf seiner Vorlage hat, nimmt es ihm ab. Vielleicht ruft es noch „ich" und legt es auf seine Vorlage. Dann kommt das nächste Kärtchen an die Reihe. Etwas überzogen natürlich, aber meistens läuft ein Lottospiel sprachlos ab. Versuchen Sie es doch einmal so: Ein Elternteil bekommt zuerst den Stapel mit den Bildkärtchen. Er hebt das Kärtchen nicht wortlos hoch, sondern schaut verdeckt auf das Kärtchen, so daß die Kinder das Bild nicht sehen können und fragt: „Wer hat das Auto?" – Dies hat mehrere Vorteile:
1. Die Kinder bekommen ein Satzmuster vorgesprochen und hören nicht nur: „Wer hat das?"
2. Die Kinder suchen nicht mehr nach irgendeinem Bild, das mit einem anderen Bild zu vergleichen ist, sondern sie hören einen Begriff, den es gilt, in ein Bild umzusetzen.
3. Der Wortschatz wird erweitert.
Natürlich läßt sich auch die Antwort sprachlich erweitern.

Die Kinder sollen nicht mehr „Ich" rufen, sondern sie können versuchen mit „Ich habe das Auto" zu antworten. Das kann noch nicht jedes Kind, aber mit Hilfe der Eltern oder Geschwister, die dann die Antwort noch mal vorsprechen, gelingt es bestimmt. Aber bitte nur vorsprechen – nicht das Kind nachsprechen lassen oder gar einem Kind das Kärtchen nicht geben, weil es den ganzen Satz nicht sprechen kann. Bestrafung oder Belohnung kann hier nur schaden.
Damit jeder Mitspieler während eines Spiels auch mal mit Fragen an der Reihe ist, geht der Bildkärtchenstapel reihum. Diese sprachliche Erweiterung läßt sich ohne Probleme auf andere Spiele (z.B. Memory) übertragen.

Empfehlungen zum Weiterspielen

Generell finden sich durch Bilderlottos und Memoryspiele sowie durch andere Legespiele zahlreiche Sprechanlässe, die das Verständnis für Begriffe erweitern und festigen.
Die aufgeführten Spiele sind nur eine kleine Auswahl der im Handel erhältlichen Gesellschaftsspiele. Sie stellen keine Bewertung dar, sondern sollen lediglich für Überblick sorgen.

Reihe „Basic", ab 18 Monaten   Educa-Verlag
(Vertrieb durch Berliner Spielkarten, Darmstadt)
Ich entdecke mein Gedächtnis
(Verstecktes Spielzeug finden)
Ich entdecke die Formen
(Formen und Farben in Verbindung bringen)

Reihe „Primärmaterial ab 2,5 Jahren"   Ravensburger
Gegensätze (Wortschatzerweiterung)
Was paßt zusammen (Wortschatzerweiterung)

Hier wohne ich (Wortschatzerweiterung)
Domino Gute Fahrt

Spielhaus   Ravensburger
(Wortschatzerweiterung, ab 4 Jahren)

Blinde Kuh   Ravensburger
(Fördert Tastsinn und
Vorstellungsvermögen, ab 3 Jahren)

Koffer packen   Ravensburger
(Gedächtnis- und Konzentrationstraining,
Wortschatzerweiterung, Satzbau, ab 4 Jahren)

Wörter-Duo   Finken Lernspiele
(Zusammengesetzte Namenwörter:
Aus „Apfel" und „Baum" wird „Apfelbaum",
ab 5 Jahren)

Bärentanz und Affensprung   Schmidt Spiele
(Tiere beschreiben, Tierlaute und
-bewegungen nachahmen, ab 5 Jahren)

Wer braucht was – Berufe und   Ravensburger
ihre Werkzeuge (Wortschatzerweiterung,
Satzbildung, ab 5 Jahren)

Schnipp/Schnapp   Ravensburger
(Konzentration, Wortschatz, ab 5 Jahren)

Rategarten   Ravensburger
(Kommunikation/Sprachentwicklung,
ab 5 Jahren)

Tatort
Mund

Zur Förderung der Muskelbereiche
im Mund gibt es eine Menge
lustiger Spiele, die wenig Zeit und
Vorbereitung erfordern.
Das Kind entwickelt ein Gefühl
für seine Sprechwerkzeuge.

Was passiert eigentlich beim Sprechen?

Um Wörter und Sätze deutlich sprechen zu können, muß das Kind die
Bewegungen von Zunge, Lippen,
Wangen und Kiefer gut be-
herrschen.

Diesbezüglich können Eltern
schon im Säuglingsalter ihrer
Kinder auf einige Dinge achten.

**Schon im Säug-
lingsalter der
Kinder können
Eltern die
Mundmuskula-
tur beobachten**

Das Stillen fördert in erheblichem
Maße die Entwicklung der Mundmuskulatur. Mimik und Kaumuskulatur
werden vorbereitet, der korrekte
Schluckvorgang wird eingeübt.
Bei der Flaschenernährung wird die
Mundmuskulatur nicht so stark angeregt. Daher gibt es folgendes zu beachten:

Normale Sauger mit kleinem Lippenschild verführen Kinder häufig dazu, die Lippen während des Trinkens offen zu halten. Außerdem schiebt der Sauger die Zunge oft zu weit nach vorne. Kieferanomalien, die später eine Spange erfordern, falsche Atmung, schlaffe Mundmuskulatur bis hin zu Aussprachestörungen können die Folge sein. Durch die Verwendung von Flaschensaugern mit breitem Lippenschild für Weithalsflaschen (in der Apotheke erhältlich) können die für die spätere Sprachentwicklung erforderlichen Gesichtsmuskeln trotzdem angeregt werden.

Weitere Tips zum Thema Mund

Auf Saug- und Trinkschwierigkeiten beim Baby achten. Informieren Sie sich, bevor Sie auf einen Sauger mit größerem Loch umsteigen.

Zu empfehlen ist hier „Das Stillbuch" von Hannah Lothrop, erschienen im Kösel-Verlag.

Verhindern Sie möglichst die Angewohnheit des Kindes, mit Schnuller oder Daumen im Mund zu sprechen. Dabei wird die Zunge nach unten in eine unnatürliche Lage gedrückt.

Beobachten Sie die Atmung Ihres Kindes. Eine gesunde Nasenatmung bringt die Zunge automatisch in die richtige Stellung. Hat das Kind häufig mit Erkältungen und Mittelohrentzündungen zu tun, schnarcht es regelmäßig oder atmet auffällig laut, können Polypen die Ursache sein. Diese gutartigen Nasenschleimhautwucherungen können eine richtige Nasenatmung erschweren. Das Kind atmet durch den Mund. Als mögliche Folge eines solchen Dauerzustands können sich Aussprache- und Kieferanomalien entwickeln.

Spiele mit dem Mund

Zur Förderung der Muskelbereiche im Mund gibt es eine Menge lustiger Spiele, die wenig Zeit und Vorbereitung erfordern. Die folgenden Spiele sollen Ideen liefern, um die Geschicklichkeit und Kraft von Zunge, Lippen und Wangen zu verbessern. Das Kind entwickelt ein Gefühl für seine Sprechwerkzeuge.

Katzenspiel

Schokoladenstreusel o.ä. von einem Teller mit der Zungenspitze in den Mund bringen. Wer Lust hat, stellt das Schälchen auf den Boden und kniet auf allen Vieren wie eine richtige Katze.

Mit Kindern ab **3** Jahren

Kußbild

Wir schminken die Lippen in kräftigem Rot (Faschingsfarben oder Lippenstiftreste), formen mit den Lippen einen Kußmund und versuchen durch festen Druck deutliche Abdrücke auf einem Papier zu erzeugen. Wer mag, kann auch probieren, durch Kreisen mit dem Mund lustige Muster auf dem Papier zu malen.

Mit Kindern ab **3** Jahren

Schnurrbartspiel

Mit Kindern ab
3 Jahren

Wir benötigen *Salzstangen,* dicke *Strohhalme* oder *Malstifte.* Die Lippen werden zur Schnute geformt. Jeder sucht sich etwas von dem Material aus und versucht, es zwischen Mund und Nase einzuklemmen. Wer sich traut, läuft mit seinem Schnurrbart eine Runde um den Tisch oder quer durch das Zimmer.

Zähne verstecken

Mit Kindern ab
4 Jahren

Ober- und Unterlippe werden bei geöffnetem Mund über die Zähne gestülpt, so daß diese nicht mehr zu sehen sind. Nun sieht es aus, als wären wir zahnlos. Dieses Spiel stärkt die Muskeln rund um die Lippen.

Hausputz

Die Zunge putzt ihr „Haus", den Mund:
Sie putzt die *Fenster* (Zähne ablecken)
Sie putzt die *Terrasse* (Unterlippe ablecken)
Sie putzt den *Balkon* im ersten Stock (Oberlippe ablecken)
Sie putzt die *Hauswände* (mit der Zunge an den Innenseiten der Wangen kräftig hoch und runterfahren)
Sie putzt das *Dach* (Gaumen ablecken)
Es bietet sich an, dieses Spiel im Anschluß an eine Mahlzeit durchzuführen. Die Zunge sucht den gesamten Mundraum nach übriggebliebenen Krümeln und Speiseresten ab.

Mit Kindern ab
4 Jahren

Mundrätsel

Mit Kindern ab
5 Jahren

Mit verbundenen Augen sollen kleine, eßbare Sachen im Mund ertastet und erraten werden. Dazu eignen sich zum Beispiel: Verschiedene Nüsse und Kerne, Rosinen, Oblaten, Reiskörner etc. Es geht bei diesem Spiel darum, Dinge auch an der Form und nicht nur am Geschmack zu erkennen.

Pustefußball

Das Spiel kann mit zwei oder mehreren Personen gespielt werden. Die Spieler sitzen sich gegenüber (bei zwei Teilnehmern) oder im Kreis um den Tisch herum. Zu jedem Spieler gehört ein bestimmter Bereich der Tischkante als das „Tor", welches er zu verteidigen hat. In die Mitte des Tisches wird ein Tischtennisball gelegt. Die Aufgabe ist nun, den Ball kreuz und quer über den Tisch zu pusten, ohne daß er herunterfällt. Rollt der Ball auf das eigene Tor zu, muß er schnell zurückgepustet werden. Die Hände werden am besten auf dem Rücken gekreuzt, sie dürfen den Ball nicht abstoppen.

Mit Kindern ab
3 Jahren

Varianten:
Wird der Tischtennisball durch einen Wattebausch ersetzt,
muß man auf einmal ganz anders pusten.
Aus Bausteinen können Tore oder Hindernisse aufgebaut
werden. Dann wird hindurch oder drumherum gepustet.

Kerzenspiele

Eine Kerzenflamme fest auspusten.
Eine Kerzenflamme durch langsames, dosiertes Blasen zum
Flackern bringen, ohne daß sie erlischt.

Mit Kindern ab
3Jahren

Ball über die Schnur

Im Zimmer wird, zum Beispiel zwischen zwei Stühlen, ein
Seil oder eine Schnur gespannt. Spielen mehrere Kinder mit,
können immer zwei Kinder das Seil halten. Über das Seil
wird ein Kleenextuch (Variante: Lage eines Papiertaschen-
tuchs oder ein Stück Seidenpapier) gelegt. Auf jeder Seite
des Seils stellt sich ein Mitspieler auf. Es können auch Mannschaften gebildet werden. Auf das Kommando: „Achtung,
fertig, los!" versucht jedes Kind, das Tuch in das gegnerische
Feld zu pusten.

Mit Kindern ab
4Jahren

Zauberschaum

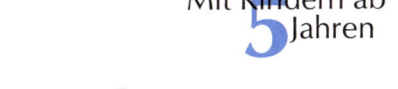

Mit Kindern ab 5 Jahren

Vorsicht: Es besteht die Gefahr, daß kleinere Kinder von dem „Zaubermittel" trinken

Für dieses Spiel benötigen wir eine oder mehrere Schüsseln mit Wasser und einen kräftigen Schuß Spülmittel.

Anschließend blasen wir durch einen Strohhalm kräftig in das Wasser – und zaubern damit Berge von Schaum.

Anmerkungen zu den Pustespielen

Wichtig ist eine kurze Spieldauer, da viele Kinder zu einer hastigen Schnappatmung durch den Mund neigen und es ihnen leicht schwindelig werden kann. Am besten ist: durch die Nase einatmen und durch den Mund auspusten!!! Aber wie?

Auch hier gibt es Unterschiede:

Spuckendes Prusten statt Pusten kann vermieden werden, wenn die Wangen nicht direkt aufgebläht werden, sondern beim Pusten schmal bleiben. Nur so kann der Luftstrom zielgerichtet gelenkt werden.

Zum Weiterspielen:

Mimix, (Zungen- und Gesichtsgymnastik)   F.X. Schmid

Mit Geräuschen spielen

Die Fähigkeit, aufmerksam zu hören, ist auch eine wichtige Voraussetzung für die Sprachentwicklung. Kinder werden häufig mit Geräuschen übersättigt, wenn zum Beispiel den ganzen Tag Radio oder Fernseher laufen. Als natürliche Schutzfunktion gegen die ständige Berieselung hören viele Kinder einfach weg.
Spielerisch läßt sich Lauschen sowie konzentriertes Hören und Zuhören mit viel Spaß und einfachen Mitteln lernen.

Geräuschememory

Mit Kindern ab **3** Jahren

Das Geräuschememory läßt sich schnell mal an einem verregneten Nachmittag basteln.
Folgendes Material wird benötigt:
beliebig viele Filmdosen
(kostenloses Abfallprodukt in jedem Fotogeschäft),
Kleinteile aus Küche, Büro, Handwerkskasten usw.
Jeweils zwei Filmdosen werden mit dem gleichen Material gefüllt. Die Döschen werden gemischt, und schon kann es losgehen. Es gelten die gleichen Regeln wie bei Memory. Der einzige Unterschied ist, daß nicht die Augen, sondern die Ohren gleiche Paare herausfinden müssen. Wenn ein Spieler sicher ist, die gleichen Geräusche gehört zu haben, darf er die Dosendeckel entfernen und seine Wahl überprüfen.
Am besten beginnt man mit wenigen Dosenpaaren und ganz unterschiedlichen Geräuschen: Zucker (leise), Geldstücke (laut), Nägel (rasselnd), Wasser (plätschernd).
Der Schwierigkeitsgrad kann mit wachsender Menge der Dosenpaare und mit zunehmend ähnlicheren Geräuschen gesteigert werden.

Ich hör' etwas und kann's nicht sehen

Ein batteriebetriebenes Radio oder ein laut tickender Wecker werden irgendwo im Zimmer versteckt. Wer hat das Versteck zuerst entdeckt?
Variation: Die Geräuschquelle wird durch das Zimmer in verschiedene Richtungen bewegt. Das Kind versucht, ihr mit geschlossenen (besser: verbundenen) Augen zu folgen.

Mit Kindern ab **4** Jahren

Was hör' ich da?

Verschiedene Gegenstände, die Geräusche machen, werden aus dem gesamten Haushalt gesammelt.
Einige Beispiele: Wecker, Schlüsselbund, Bälle, Spieluhr, Kochtöpfe mit Kochlöffeln, Musikinstrumente usw.
Alle Geräuschquellen werden ausprobiert und dann unter einem Tuch versteckt. Jetzt läßt einer der Mitspieler mal das eine, mal das andere Geräusch versteckt ertönen. Wer kann es zuersterraten? Wer keine Geräuschquellen im Haushalt findet, nimmt Körpergeräusche: Klatschen, Trampeln, Schnarchen, Prusten, Fingerschnipsen.
Variation: Es ertönen mehrere Geräusche hintereinander. Wer kann sich die Reihenfolge merken?

Mit Kindern ab **4** Jahren

In die Stille hören

Alle Mitspieler liegen auf dem Boden. Es ist ganz still im Raum. Doch trotzdem sind viele Geräusche zu hören. Nach einer vorher verabredeten Zeit setzen sich die Spieler wieder zusammen und jeder berichtet, welche Geräusche er in der Stille gehört hat. Da war zum Beispiel ein draußen vorbeifah-

Mit Kindern ab **3** Jahren

rendes Auto, das Schlagen einer Kirchturmuhr oder das
Gluckern in der Heizung. Viel Spaß macht es, die entspre-
chenden Geräuschquellen später auch zu malen.

Was fällt denn da?

Mit Kindern ab
5 Jahren
Verschiedene Gegenstände aus dem Haushalt werden gebraucht. Die Gegenstände sollen durch das Geräusch, das
sie machen, wenn sie auf den Boden fallen, erraten werden.
Am besten eignet sich hierzu Parkett oder ein Steinfußboden.
Nachdem die ausgesuchten Gegenstände für die Kinder
sichtbar zu Boden fallengelassen wurden, wiederholt der
Spielleiter das gleiche in veränderter Reihenfolge für die Kinder unsichtbar. Diese sollen nun am Geräusch erraten, um
welchen Gegenstand es sich handelt. Bevor der Spielleiter
den Gegenstand zu Boden fallen läßt, ruft er: „jetzt", damit
die Kinder sich auf das Geräusch konzentrieren können.
Beispiele: Stecknadel, Schlüssel, Stift, Kochlöffel, Ball usw.

Zum Weiterspielen

Ich erkenne die Geräusche   Educa-Verlag
(Mit Kassette, schult den Gehörsinn)
Reihe „Basic", ab 18 Monaten,
(Vertrieb durch Berliner Spielkarten, Darmstadt)

Klanglotto 2   nathan-Verlag
(Geräusche erkennen, ab 3 Jahren)

Sprich genau – Hör genau   Ravensburger
(Ähnliche Laute verändern Wörter, ab 4 Jahren)

Mit Worten feiern

Der Schwerpunkt dieses Teils liegt
in der Erweiterung der verbalen
und nonverbalen kommunikativen
Möglichkeiten und vor allem im
Auskosten der Kommunikationsfreude.

Spiele für den Kindergeburtstag

Das Besondere an einem Geburtstagsfest ist natürlich die Kindergruppe. Der Schwerpunkt dieses Teils liegt in der Erweiterung der verbalen und nonverbalen kommunikativen Möglichkeiten und vor allem im Auskosten der Kommunikationsfreude. Die Kinder sollen die Möglichkeit bekommen, sich mit Spaß spielerisch und sprachlich am Gruppengeschehen zu beteiligen.

Aspekte der Gruppenspiele sind: Die Freude am Miteinanderspielen. Die Förderung der Kooperationsbereitschaft. Die Erweiterung des kommunikativen Verhaltensrepertoires. Förderung von Kreativität, Phantasie, Reaktion, Koordination.

Dabei ist es egal, ob Stühle zu einem Kreis aufgestellt werden oder ob die Mitspieler auf dem Boden sitzen. Wichtig ist, daß alle Mitspieler sich ansehen und das Geschehen im Kreis verfolgen können. Variationen sind natürlich jederzeit möglich. Zum Beispiel kann man den Kreis auflösen, die Plätze wechseln, den Kreis anders wieder zusammensetzen usw.

Was ist das für ein Ding?

Für dieses Spiel benötigen wir einen Tastsack. In einen Sack oder einen Schuhkarton mit herausgeschnittenen Armlöchern wird ein Gegenstand gelegt, ohne daß die Kinder diesen vorher gesehen haben. Ein Kind ertastet nun den Gegenstand und beschreibt mit seinen Worten, was es gerade fühlt. Ist der Gegenstand rauh oder glatt, hart oder weich, groß oder klein?
Natürlich dürfen alle Kinder mitraten. Wenn das Kind alle seine Eindrücke beschrieben hat, und der Gegenstand ist noch nicht erraten, dann bekommt das nächste Kind den Tastsack. Natürlich dürfen auch Tips gegeben werden. So können die Kinder die unterschiedlichen Informationen zusammenfügen und den gesuchten Gegenstand erraten.

Mit Kindern ab **4** Jahren

Guten Tag

Mutter oder Vater erzählt eine Quatschgeschichte. In dieser Geschichte kommen die Namen der Kinder vor, die an dem Geburtstagsfest teilnehmen, die Namen aus der Geschichte sollten durch diese ersetzt werden. Immer, wenn ein Name genannt wird, stehen die Kinder auf, rufen „Guten Tag!"

Mit Kindern ab **4** Jahren

Dann setzten sie sich wieder hin. Bei einer Aufzählung von mehreren Namen wird natürlich jedem einzeln „Guten Tag!" gesagt.

Quatschgeschichte

Neulich war ich in einem Zauberland. Dort war alles rosa. Die Bäume, die Blumen, der Wald, die Häuser und sogar die Menschen. Als erstes traf ich Michael, der war auch rosa. Dann bin ich weitergelaufen und sah ein Kind, das lief nicht auf seinen Beinen, sondern auf seinen Händen. Ich bin näher hingegangen und sah Ina. „Was machst du hier?", habe ich sie gefragt. „Na, ich spiele mit meinen Händen Fußball", antwortete sie, „der Peter, der Felix und die Frau Müller sind auch hier." Tatsächlich, als ich nach oben in den Himmel schaute, sah ich Frau Müller vorbeischweben. Sie hing an einem Luftballon und unterhielt sich mit den Vögeln.
Ich ging weiter und sah rosa Autos, rosa Straßenlampen, rosa Vögel und einen rosafarbenen Ingo. Er kämpfte gerade mit einem rosa Tiger mit gefährlichen Zähnen. Ich lief schnell hin und wollte ihm helfen. Aber er rief: „Laß nur, Frau Meier, der Tiger ist mein Freund." Na gut, dachte ich und ging weiter.

Hier heißt es zuhören, verstehen und reagieren!

Ich kam an Eisenbahnschienen, und es fuhr ein Zug ohne Räder vorbei. Der Lokomotivführer winkte mir zu. Das war doch tatsächlich der Robert. Hinter den Eisenbahnschienen lag ein großer Sandkasten. Harald und Anita bauten gerade eine tolle Sandburg. Ich wollte auch mit diesem tollen rosa Sand spielen, aber als ich hinkam, verwandelte sich der Sandkasten in einen rosa See. Harald, Anita, die tolle Sandburg und ich fielen ins Wasser. Unter Wasser sahen wir viele Fische. Norbert war auch da. Er hatte Schwimmflossen an und sang mit den Fischen zusammen ein Lied. Harald und Anita und die Sandburg sangen gleich mit. Ich wollte aber nicht mitsingen und tauchte schnell wieder auf. Als ich wieder an die Wasseroberfläche kam, wurde mir plötzlich sehr kalt. Ich sah, daß es geschneit hatte. Rosa Schnee! Julia, Achmed, Ulrike, Selda, und Stefan machten eine Schneeballschlacht. Ein rosafarbener Schneemann, der aussah wie Olaf, sagte zu mir, ich solle schnell wieder aufwachen, dann würde ich nicht mehr frieren, weil ich in meinem warmen Bett liege.

Variante: Beim „Guten Tag" sagen können die Kinder ihrem Nachbarn auch noch die Hand geben (vorher absprechen welchem Nachbarn).

Alle Tiere brechen aus

Für dieses Spiel empfiehlt sich der Stuhlkreis. Dieser ist ein Zoo. Jedes Kind verkörpert ein Tier. Wir brauchen zwei Tierarten pro Spiel, die immer wieder aus ihren Käfigen ausbrechen.

Mit Kindern ab 4 Jahren

Abwechselnd wird jedem Kind gesagt, welches Tier es nun spielt. „Löwe, Schlange, Löwe, Schlange, Löwe, Schlange" usw. Wenn alle Kinder durch sind, wird ein Stuhl aus dem Kreis entfernt, und ein Kind geht in die Mitte des Kreises. Nun gibt es drei Möglichkeiten:
1. Das Kind in der Kreismitte sagt: „Alle Löwen brechen aus!" Nun stehen alle Löwen auf und wechseln mit Löwenbewegungen den Platz. Kein „Löwe" darf auf seinem Platz sitzen bleiben. Das Kind in der Mitte muß versuchen, einen neuen Platz zu finden, d.h. einen Stuhl zu ergattern. Ein Tier bleibt übrig.
2. Das Kind ruft vielleicht: „Alle Löwen brechen aus!" Es hat aber noch die Möglichkeit, „Alle Schlangen brechen

aus!" zu rufen. Und nun machen sich die Schlangen krie-
chend auf, einen neuen Platz zu suchen, die Löwen bleiben
sitzen.

3. „Alle Tiere brechen aus!" ist die letzte Möglichkeit. Nun
wechseln tatsächlich alle Tiere den Platz und suchen sich einen neuen Stuhl.

Schmutzige Wäsche

Mit Kindern ab 4 Jahren

Diesmal ist der Stuhlkreis eine Waschmaschine. Es wird
schmutzige Wäsche gewaschen.

Der Spielleiter zählt auf: „Ich packe in die Waschmaschine ...
eine rote Hose und einen blauen Pullover." Das Kind, das
diese Sachen trägt, geht zum Spielleiter und hockt sich vor
ihn hin. Dann kommt das nächste Kind an die Reihe. Spielleiter: „Ich packe in die Waschmaschine ... einen gelben Rock
und eine weiße Bluse." Alle Kinder schauen sich an. Was
habe ich an? Bin ich gemeint? Das Kind mit der beschriebe-
nen Kleidung kommt zum Spielleiter und hockt sich hinter
das erste Kind, legt die Hand auf seine Schultern. Das Spiel

geht weiter, bis 3-5 Kinder hintereinander hocken. Dann sagt der Spielleiter: „Ich packe in die Waschmaschine ... jetzt wasche ich!!" Dabei gibt er dem ersten Kind überraschend einen kleinen Schubs und die ganze Reihe fällt um.
Erfahrungsgemäß hat sich noch nie ein Kind ernsthaft weh getan. Es gibt allerdings einige Vorsichtsmaßregeln zu beachten:

■ Nicht mehr als 5 Kinder in eine Reihe.
■ Das kleinste Kind kommt vorne hin, das schwerste hinten.
■ Darauf achten, daß nach hinten genug Platz ist, damit kein Kind gegen einen Stuhl, oder gegen ein anderes Kind fällt, das noch im Kreis sitzt.
■ Den Kindern klar machen: Rücksicht ist angesagt!
■ Darauf achten, daß alle Kinder in der Reihe auf ihren Füßen hocken. Wenn ein Kind auf dem Boden sitzt, kann es sich im Fallen nicht richtig abfangen.

Stille Post

Die Kinder sitzen wieder im Kreis. Ein Mitspieler stellt eine Frage, die z.B. lauten könnte: *„Was ißt du heute zu mittag?"* Dann denkt sich der nächste Mitspieler eine Antwort und flüstert sie seinem Nachbarn ganz schnell und leise ins Ohr: *„Spaghetti mit Tomatensoße."* Dieser wiederum flüstert das, was er gehört hat, seinem Nachbarn ins Ohr.
So geht das Spiel weiter, bis das letzte Kind die Antwort laut sagen muß. Nun kommt wahrscheinlich etwas ganz anderes heraus, z.B. *»Ragettose«.* Bevor nun das erste Kind sagen darf, was es wirklich zu Mittag essen möchte, werden die Kinder dazu ermuntert, zu phantasieren, was „Ragettose" sein könnte.

Mit Kindern ab 4 Jahren

Sprachspiele ohne Sprache – Gruppenspiele zur Mundmotorik:

Wettessen

Mit Kindern ab **4** Jahren

Eine Salzstange wird mit einem Ende zwischen den Lippen gehalten. Die Hände sind hinter dem Rücken verschränkt. Nun versuchen die Kinder, nur durch Lippen- und Kaubewegungen die Salzstange in den Mund zu ziehen, ohne daß sie zerbricht oder herunterfällt. Wer schafft es zuerst?

Bonbon verstecken

Mit Kindern ab **4** Jahren

Wir drücken bei geschlossenem Mund die Zunge feste in die eine, dann in die andere Wange, so daß eine dicke Beule erscheint. Es sieht aus, als hätten wir ein Bonbon in der Backe versteckt.
Dann bekommt ein Kind tatsächlich ein Bonbon, ein anderes nimmt seine Zunge. Nun soll ein drittes Kind raten, wer das echte Bonbon im Mund hat.

Ein Malspiel

Mit Kindern ab **6** Jahren

Nun darf gemalt werden. Ein Kind erzählt etwas, das es in Gedanken vor sich sieht. Zum Beispiel:
Ich sehe eine grüne Wiese mit einem Baum. Auf dem Baum sitzt ein kleiner Vogel und singt. Das Wetter ist sonnig, am Himmel sind ein paar Wolken. Unter dem Baum liegt etwas. Es ist aber nicht zu erkennen. Was kann das wohl sein?

Jetzt können alle Spieler das Bild und natürlich den geheimnisvollen Gegenstand malen. Später kann dann mittels einer
kleinen Ausstellung über die Bilder gesprochen werden.

Eine Variante zu diesem Spiel könnte so aussehen:
Ein Mitspieler erzählt die Geschichte vom Wassertropfen. Als
es regnet, fällt er aus einer Wolke auf die Erde.
Die Kinder malen nun, auf wen oder was der Wassertropfen
trifft. Vielleicht gibt er einer Blume Wasser, oder er landet in
einem reißenden Bach an einem Wasserfall. Er könnte auch
in einer Pfütze landen, in die ein Kind gerade hineinspringt.
Jedes Kind kommentiert im Anschluß an das Malen sein Bild
und erzählt seine Geschichte vom kleinen Wassertropfen.

Tierhände

Alle Kinder sitzen um einen Tisch herum. Die Hände liegen
auf der Tischplatte. Jedes Kind gibt nun seinen Händen Tier-
namen. Eine Hand ist ein Pferd, die andere vielleicht eine
Maus. Der Spielleiter nennt nun immer zwei Tiere, die sich in
der Mitte des Tisches begegnen und sich die Hände reichen.
Sagt er zum Beispiel: „Pferd und Hund!", muß sich jedes
Kind besinnen, welche Tiere seine eigenen Hände verkör-
pern und welche Hand eines anderen Kindes gemeint ist.
Haben die richtigen Hände sich gefunden, machen die
Kinder entsprechende Tierlaute dazu.

Mit Kindern ab
5 Jahren

ABC-Spiele für Schulkinder

Alle Kinder sitzen im Kreis. Zu einem bestimmten Thema sollen Wörter in der Reihenfolge des Alphabets gefunden werden. Bei schweren Buchstaben (q,x,y,etc.) darf man Quatschbegriffe erfinden oder zum nächsten Buchstaben übergehen. Alle Spieler einigen sich vorher auf ein bestimmtes Thema. Das Geburtstagskind beginnt, dann ist nach der Reihe das nächste Kind dran.
Die Spielrunde endet beim Buchstaben „z".

Beispiele:

	Einkaufen	Tiere	Namen
1. Kind:	Apfel	Affe	Anja
2. Kind:	Banane	Biene	Bernd

Mit Kindern ab
7 Jahren

Bewegte
Sprach-
spiele

In der Entwicklung eines Kindes
finden nicht selten
der erste Schritt und
das erste gesprochene Wort
etwa zur gleichen Zeit statt.

Die sprachliche und motorische Entwicklung des Kindes verläuft weitgehend parallel. Sprach- und Motorikzentrum liegen im Gehirn nebeneinander und beeinflussen sich gegenseitig.

Sprachspiele für drinnen und draußen

In der Entwicklung eines Kindes finden nicht selten der erste Schritt und das erste gesprochene Wort etwa zur gleichen Zeit statt. Später entwickelt das Kind vielfältige Bewegungsformen im Alltag (Anziehen, Essen usw.). Gleichzeitig beginnt es, die Welt sprachlich zu erfassen und die Wörter für die alltäglichen Dinge, mit denen es zu tun hat, zu lernen. Während der weiteren Entwicklung des Kindes werden Bewegungsausführung und -steuerung erheblich verbessert.

Neue Bewegungsformen kommen hinzu (zum Beispiel Fahrrad fahren, Schwimmen, etc.). Gleichzeitig erfolgt die Verfeinerung der sprachlichen, der kommunikativen Möglichkeiten. Finger- und Bewegungsspiele, bei denen Sprache und Bewegung gleichzeitig zum Einsatz kommen, unterstützen und fördern diese natürliche Entwicklung.

Weiterhin wird die Koordination von Sehen, Hören, Sprechen und Bewegen eingeübt. Das sind Funktionen, denen später beim Lese-Rechtschreibprozeß eine große Bedeutung zukommt.

Bewegte Sprachspiele

... für drinnen

Im folgenden werden einige Spiele mit unterschiedlichen Bewegungsschwerpunkten vorgestellt. „Der kleine Wichtelmann" ist ein reines Fingerspiel, aber auch ein Märchen und hat nicht zuletzt diese magisch-poetische Bedeutung, die Märchen nunmal eigen ist.

„Wir wollen einen Purzel finden" verbindet bereits komplexere Bewegungsabläufe mit der Sprache. Hier muß rhythmisch nachgesprochen und geklatscht werden, der Oberkörper sowie Arme und Beine werden mit einbezogen.

Der Schwerpunkt der Geschichte „Zungenpeters Abenteuer" liegt in der Beweglichkeit des gesamten Mundbereiches.

In dem Spiel „Blinde Kuh – einmal anders" bewegt sich das Kind durch den Raum, setzt Sprache sozusagen in Bewegung um.

Im Spiel „Der Hampelmann" geht es darum, eigene Körperbewegungen sprachlichen Anforderungen anzupassen.

Der kleine Wichtelmann

Mit Kindern ab 2 Jahren

Bei diesem Fingerspiel kommt es vor allem auf engagiertes Erzählen an. Wenn durch die richtige Betonung, Veränderung der Stimme und der Mimik des Erzählers entsprechend des Inhalts eine Spannung aufgebaut wird, versinken Kinder in einer anderen Welt.
Rechts neben dem Text werden die jeweiligen Bewegungen erklärt.

		Die rechte Faust wird erhoben. Text beginnt:
Wichtel:	Ich bin ein kleiner Wichtelmann,	Der rechte Zeigefinger kommt zum Vorschein
	jetzt seht mal, was ich alles kann!	Er verneigt sich vor den Zuschauern.
	Zuerst schau ich den Vögeln zu,	Der rechte Arm zeigt ausgestreckt nach oben, der Zeigefinger kreist rundherum.
	dann leg ich mich einmal zur Ruh'	Den rechten Zeigefinger horizontal halten, Schnarchgeräusche machen.
Erzähler:	Da schleicht sich eine Schlange an, die frißt soviel, soviel sie kann.	Der linke Arm ist die Schlange. Die Hand (das Maul) geht auf und zu.
	Sie sucht nach einem guten Essen und – schnapp – der Wichtel ist gefressen.	Die Schlange schnappt plötzlich nach dem rechten Zeigefinger und hat den Wichtel im Maul.
	Der Wichtel aber – gar nicht dumm – windet sich im Maul herum.	Der rechte Zeigefinger zappelt und ...
	Und dann plötzlich, eins, zwei, drei, ist er endlich wieder frei.	... kann sich befreien.

Wichtel: Los, fort mit dir, du alte Schlange, vor dir wird mir nun nicht mehr bange.

Wichtel verjagt die Schlange.

Erzähler: Nun kommt der Zauberer Fürchterlich!
Sagt: „Wichtel, ich verzauber dich!"

Der linke Zeigefinger (Zauberer) kommt.
Bewegt sich Richtung Wichtel.

Wichtel: Nein, Zauberer, das lassen wir, weg, weg, hinfort mit dir!

Der rechte Zeigefinger verjagt den linken Zeigefinger.

Jetzt hol ich meinen Freund herbei, er heißt Wichtel Ringelreih!

Die linke Faust erheben.
Pause. Nanu, Wichtel Ringelreih kommt nicht heraus.
Wenn die Kinder nicht von alleine erkennen, daß sie „Wichtel Ringelreih" rufen sollen, dann weiter mit dem Text:
Es ist nur selten nötig, die Kinder extra dazu aufzufordern.

Nanu, er kommt nicht!
Ihr müßt ihn rufen!

Kinder: Wichtel Ringelreih!!

Wichtel: Das war viel zu leise, ihr müßt viel lauter rufen!

Der linke Zeigefinger (Wichtel Ringelreih) kommt.
Die Finger einknicken und eine Faust machen. Der rechte Zeigefinger kommt kurz zum Vorschein, winkt und verschwindet wieder in der Faust.

Kinder: Wichtel Ringelreih!!!!!!

Wichtel: Da ist er ja!
Wir wollen uns necken und spielen – verstecken.
Tschüüüß, Kinder!!!

Wir wollen einen Purzel finden

Mit Kindern ab
5 Jahren

Dies ist eine andere Art Fingerspiel. Wichtig ist hierbei, daß Mutter oder Vater den Text und die Bewegungen zunächst alleine vorführt. Die Kinder schauen zuerst bei jedem Vers zu und wiederholen dann den ganzen Satz mit der Bewegung (dieser Spielablauf ist in der Einleitung des Spiels ausführlich dargestellt).

Zuhören, nachsprechen und dabei auch noch Bewegungen nachmachen sind bereits sehr hohe sprachliche Anforderungen für Vorschulkinder und erfordern ein hohes Maß an Koordination von Sprache, Bewegung und Wahrnehmung.

Es empfiehlt sich, dieses Spiel zunächst mit zwei Erwachsenen einzuführen. Die Mutter spricht und macht die Bewegung vor, der Vater macht alles nach. An ihm können sich die Kinder dann orientieren.

Einleitung:

Mutter: Wir sind zu Hause

Sitzt auf ihrem Stuhl und schaut sich um.

Vater/Kinder: Wir sind zu Hause.

Alle sitzen auf ihren Stühlen und schauen sich um.

Mutter: Wir ziehen unsere Jacken an.

Zieht imaginäre Jacke an.

Vater/Kinder: Wir ziehen unsere Jacken an.

Machen die gleiche Bewegung nach.

Mutter: Wir packen den Rucksack.

Packt etwas in einen imaginären Rucksack.

Vater/Kinder: Wir packen den Rucksack.

Machen die gleiche Bewegung nach.

Mutter: Wir machen die Tür auf.

Macht imaginäre Tür auf.

Vater/Kinder: Wir machen die Tür auf.

Machen die gleiche Bewegung nach.

So geht das Spiel weiter: Einer spricht vor, die anderen machen nach.

Refrain:

Denn wir wollen einen Purzel finden.

Folgende rhythmische Klatschbewegungen:

Denn wir (mit beiden Händen auf die Oberschenkel schlagen)
wollen (in die Hände klatschen)
einen (wieder auf die Oberschenkel klatschen)
Purzel (wieder in die Hände klatschen)
finden (nochmal auf die Oberschenkel schlagen)

Wir fürchten uns nicht,

Wir erheben den Zeigefinger und schütteln ihn. Wir machen eine Faust und zeigen die Muskeln.

wir haben so viel Kraft, denn wir wollen einen Purzel finden.

Rhythmisch klatschen: siehe oben!

1. Strophe:

Stopp – stehen bleiben!
Da ist ein breiter Fluß!

Die Hand erheben wie ein Polizist, der ein Auto stoppt.
Arme ausbreiten und einen imaginären Fluß andeuten.

Wir suchen rechts neben dem Fluß,
wir suchen links neben dem Fluß,
dann schwimmen wir durch.

Die Hand ist suchend über den Augen, der Oberkörper neigt sich nach rechts.
Die Hand ist suchend über den Augen, der Oberkörper neigt sich nach links.
Wir machen Schwimmbewegungen.

Refrain:

Denn wir wollen einen Purzel finden. Wir fürchten uns nicht, wir haben so viel Kraft.
Denn wir wollen einen Purzel finden.

(Bewegungen siehe oben)

2. Strophe:

Stopp – stehen bleiben!
Da ist ein hoher Zaun!

Wir suchen rechts neben dem
Zaun,
wir suchen links neben dem
Zaun,
dann klettern wir drüber.

Die Hand erheben wie ein Polizist, der
ein Auto stoppt.
Beide Arme deuten einen imaginären
Zaun an.
Die Hand ist suchend über den Augen,
der Oberkörper neigt sich nach rechts.
Die Hand ist suchend über den Augen,
der Oberkörper neigt sich nach links.
Wir machen Kletterbewegungen.

Refrain:

Denn wir wollen einen...

3. Strophe:

Stopp – stehen bleiben!
Da ist ein altes Haus!
Wir suchen rechts neben dem
Haus,
wir suchen links neben dem
Haus,
dann gehen wir rein.

Die Hand erheben wie ein Polizist, der
ein Auto stoppt.
Beide Arme formen ein Haus.
Die Hand ist suchend über den Augen,
der Oberkörper neigt sich nach rechts.
Die Hand ist suchend über den Augen,
der Oberkörper neigt sich nach links.
Laufbewegungen.

Refrain:

Denn wir wollen einen....

4. Strophe:

Stopp – stehen bleiben!
Da ist ein Geheimgang!

Die Hand erheben wie ein Polizist, der
ein Auto stoppt.
Mit dem Zeigefinger auf einen imaginären Geheimgang zeigen.

Wir suchen rechts neben dem Geheimgang,	Die Hand ist suchend über den Augen, der Oberkörper neigt sich nach rechts.
Wir suchen links neben dem Geheimgang,	Die Hand ist suchend über den Augen, der Oberkörper neigt sich nach links.
dann schleichen wir uns rein.	Ganz leise sprechen, Schleichbewegungen.

Refrain:

Denn wir wollen einen...	Ganz leise sprechen, leise klatschen.

5. Strophe:

Stopp – stehen bleiben!	(Leise sprechen.) Die Hand erheben wie ein Polizist, der ein Auto stoppt.
Wir hören ein leises Brummen	Die Hand ans Ohr halten und hören, leise brummen.
und sehen ein unheimliches Licht.	Die Hand ist suchend über den Augen.
Das Brummen wird immer lauter!	Die Hand ans Ohr halten und hören, laut brummen.

Ende:

Wir haben große Angst,	Schlottern vor Angst.
wir laufen schnell aus dem Geheimgang heraus,	Laufbewegungen mit den Füßen.
wir rennen noch schneller aus dem Haus,	Laufbewegungen, immer schneller.
wir klettern über den Zaun,	Kletterbewegungen.
wir schwimmen durch den Fluß,	Schwimmbewegungen.
wir machen die Tür auf,	(entsprechende Bewegungen wie in der Einleitung)
wir setzen den Rucksack ab,	
wir ziehen die Jacken aus,	
wir sind wieder zu Hause.	Erstmal verschnaufen

Zungenpeters Abenteuer

Mutter oder Vater erzählen die Geschichte und machen die einzelnen Bewegungen deutlich vor. Die Kinder imitieren die Bewegungen.

Mitmachgeschichten dieser Art gibt es mit unterschiedlicher Thematik (z.B. „Die Geschichte mit der Maus" von Ulrike Franke, erschienen in „Artikulationstherapie mit Vorschulkindern", Ernst Reinhardt Verlag)

Mitmachgeschichte

Es sind Ferien. Zungenpeter möchte zu einem fremden Planeten fliegen und Abenteuer erleben. Er packt gerade seine Sachen in seine Rakete *(Zunge bewegt sich mehrmals aus dem Mund heraus und wieder hinein)*. Nachdem er alles verstaut hat, schließt Zungenpeter die Raketentür *(Mund schließen)*. Die Rakete startet *(Countdown von 10 bis 0 abzählen, Startgeräusch nachahmen)*. Vom vielen

Packen ist Zungenpeter ganz müde geworden *(herzhaft gähnen)*. Auf der langen Reise, vorbei an vielen Sternen, schläft er ein *(schnarchen)*.

Als er aufwacht, hat Zungenpeter Hunger *(den Bauch reiben)* und holt sich etwas zu essen aus der Raketenküche *(schmatzen)*. Danach möchte er gerne einen Kaugummi kauen, kann aber keinen finden. Er ärgert sich *(ärgerliches, wütendes Gesicht machen)*. Er sucht in den Zimmern auf der linken Raketenseite *(Zunge in die linke Wange drücken und auf und ab bewegen)* und er sucht auf der rechten Seite *(die gleiche Bewegung rechts)*. Zungenpeter findet die Kaugummis auch nicht unter dem Raketendach *(Zunge bei geschlossenem Mund zwischen Zähne und Oberlippe schieben)*. Endlich entdeckt er sie in der untersten Etage der Rakete *(Zunge zwischen Zähne und Unterlippe schieben)*. Er packt einen Kaugummi aus und fängt zufrieden an zu kauen *(Kaubewegung)*.

Mit Kindern ab **4** Jahren

Unterdessen ist Zungenpeter auch schon bei einem fremden Planeten angekommen und landet. Er schaut aus dem Fenster *(Zunge kommt aus dem Mund)* und wundert sich. Er sieht Tausende von Stofftieren. Zungenpeter denkt, das kann nicht sein, und putzt erst einmal die Fenster der Rakete *(Zähne oben und unten ablecken)*. Doch die Stofftiere sind immer noch da. Zungenpeter kommt aus seiner Rakete heraus *(Zunge gerade aus dem Mund strecken)*. Er schaut sich in alle Richtungen um *(Zunge langsam nach oben, unten, links und rechts bewegen)*. Er fühlt sich wie im Zoo, aber alle Tiere sind aus Stoff und Plüsch. Zungenpeter würde gerne einen Spaziergang machen, um mit den Tieren zu spielen, aber es ist furchtbar kalt auf dem Planeten *(mit den Zähnen klappern, am ganzen Körper zittern)*.

Außerdem ziehen am Himmel dunkle Regenwolken auf, und ein Sturm kommt *(Pusten, Windgeräusche nachahmen)*. Deshalb nimmt Zungenpeter einfach so viele Stofftiere, wie er tragen kann, bringt sie in seine Rakete *(Zunge aus dem Mund heraus und hinein)*, und verteilt sie dort, wo noch Platz ist *(Zunge wandert suchend durch den Mund)*. Dann schließt er die Tür und startet wieder *(Mund zu, Countdown, Startgeräusch)*. Bevor der große Sturm kommt, ist Zungenpeter schon wieder auf dem Weg zur Erde. Was er wohl mit den vielen Stofftieren vorhat?

Blinde Kuh – einmal anders

Mit Kindern ab **5** Jahren

Die Mitspieler stehen an einem Ende des Zimmers. Sie einigen sich auf ein Ziel. Zum Beispiel könnte auf, unter oder hinter einem Gegenstand ein Bonbon liegen, das es zu erreichen gilt. Es wird ein Hindernisparcours im Zimmer aufgebaut. Dann werden einem Mitspieler die Augen verbunden. Er läuft ganz langsam und vorsichtig los. Ein anderer Mitspieler dirigiert ihn. Er sagt zum Beispiel: „Jetzt gehst du zwei Schritte nach vorne. Da kommt eine Spielkiste. Du gehst drei Schritte nach rechts um die Kiste herum. Jetzt mußt du den Kopf einziehen und unter dem Tisch durchkrabbeln. Jetzt wieder aufstehen" usw. Das Spiel dauert so lange, bis der Mitspieler den Hindernisparcours durchlaufen und seinen „Preis" ergattert hat. Nun ist der nächste Spieler an der Reihe.

Der Hampelmann

Mit Kindern ab **3** Jahren

Es werden mindestens zwei Spieler benötigt: Ein Kind ist der Hampelmann und macht alle Bewegungen des anderen nach.
Wenn das Spiel beginnt, sitzen beide Mitspieler sich gegenüber. Das erste Kind beginnt, verschiedene Bewegungsfolgen zu machen, der Hampelmann versucht, alles nachzumachen. Wichtig hierbei ist, daß das erste Kind seine Bewegungen sprachlich (möglichst in ganzen Sätzen und gleichzeitig mit der Bewegung) begleitet.
Hier ein Beispiel (es wird jeweils in der angegebenen Stellung verblieben):

Hebe deine rechte Hand,
fasse damit an deine Nase.
Hüpfe dreimal in die Luft.
Gehe hinunter auf die Knie.
Fasse mit deiner linken Hand an deinen rechten Fuß.
Zum Schluß lege deine Stirn auf den Boden.

Jetzt ist der Knoten perfekt und beide Spieler knien auf dem
Boden. Sie können ihre Hände und Füße nicht mehr bewe-
gen.
Nun werden die Rollen getauscht. Das erste Kind ist nun der
Hampelmann, und das zweite Kind muß versuchen, den
Knoten wieder zu entwirren, also die ganzen Anweisungen
wieder rückwärts zu geben, bis sich beide Kinder wieder in
gewohnter Haltung gegenüberstehen.

Variante für die größeren:
Das erste Kind macht die Bewegungen nicht mehr selbst vor,
sondern gibt nur noch sprachliche Anweisungen. Der Hampelmann muß gut zuhören und die Anweisungen dann in Bewegungen umsetzen.

Bewegte Sprachspiele
... für draußen

Die folgenden Spiele für draußen erfordern immer ein wenig Platz. Schnelle Reaktionen auf das gesprochene Wort sind gefordert.

Farbenball

 Mit Kindern ab 6 Jahren

Mindestens drei Mitspieler stehen in einem Kreis. Einer wirft einem anderen einen Ball zu und nennt dabei eine Farbe. Der Spieler muß den Ball fangen und dabei blitzschnell einen Gegenstand nennen, der diese Farbe hat.
Dann wirft er dem nächsten Spieler den Ball zu und nennt seinerseits eine Farbe.
Variante:
Es kann auch vorher ein Thema vereinbart werden, zu dem blitzschnell ein Begriff genannt werden soll. Zum Beispiel das Thema: „Alles, was fliegt." Natürlich darf kein Begriff doppelt vorkommen.

Wandball

 Mit Kindern ab 5 Jahren

Für dieses Spiel wird wieder ein Ball benötigt. Ein Mitspieler wirft einen Ball an eine Wand, erfüllt eine Aufgabe, die ihm von einem anderen Mitspieler zugerufen wird und fängt den Ball dann wieder auf.
Hier einige Beispiele: umdrehen, klatschen, hüpfen, nicken, hocken, usw.

Rollkommando

Die Mitspieler liegen auf dem Boden. Ein Kind steht und spricht das Wort „Rollkommando". Nun drehen sich alle Kinder auf dem Boden liegend um die eigene Achse. Nach einer kurzen Pause erfolgt wieder das „Rollkommando". Die Kommandos kommen immer schneller, dann wieder langsamer. Die Kinder sollen sich aber immer nur einmal drehen.

Mit Kindern ab 4 Jahren

Maus jagt Katze

Auch hier werden mindestens drei Mitspieler benötigt. Ein Kreis wird aufgemalt oder mit Steinen gelegt. Der Durchmesser sollte etwa drei bis fünf Meter betragen. Der Kreis wird jedoch nicht ganz geschlossen, es wird ein Loch als Eingang gelassen. Ein Mitspieler spielt die Maus und krabbelt im Kreis herum. Ein anderer Mitspieler ist die Katze und wartet auf allen Vieren gegenüber dem Loch auf der anderen Seite des Kreises. Der dritte Mitspieler gibt die Kommandos: Er ruft: „Die Katze jagt die Maus." Die Maus muß nun den Kreis durch das Mauseloch verlassen und außerhalb des Kreises vor der Katze davonkrabbeln. Der dritte Mitspieler kann durch seine Kommandos den Spielverlauf beeinflussen. Er hat folgende Möglichkeiten:
Je dreimal darf er rufen: Katze fängt Maus, Stop, Weiter, Maus fängt Katze!
Die Katze und die Maus müssen diese Kommandos befolgen. Bei „Stopp!" müssen sie stehenbleiben und warten, bis das Kommando „Weiter!" kommt. Bei „Maus fängt Katze!" wird die Richtung gewechselt und die Katze versucht, durch den Eingang in den Kreis zu kommen. Dabei wird sie von der Maus gejagt.

Mit Kindern ab 4 Jahren

Kommt das Kommando: „*Katze jagt Maus!*" geht es wieder andersherum, die Rollen werden getauscht. Je dreimal ist das möglich. Das Spiel ist beendet, wenn der dritte Spieler alle seine Kommandos gegeben hat. Nun ist ein Tier das Gejagte. Gelingt es ihm jetzt, da keine Kommandos mehr kommen, in den Kreis zu krabbeln, ist das Spiel beendet. Wird es vorher von seinem Verfolger berührt, ebenfalls.

Wir Fröschelein

Mit Kindern ab 4 Jahren

Vor diesem Spiel werden folgende Kommandos vereinbart:

Einmal klatschen:	*stehenbleiben*
Zweimal klatschen:	*weiter hüpfen*
Dreimal klatschen:	*schneller hüpfen*
Viermal klatschen:	*schnell verstecken, der Storch kommt.*
Pfeifen:	*Alle wieder aus dem Versteck kommen, das Spiel ist zu Ende.*

Natürlich können diese Kommandos beliebig verändert und erweitert werden.

Zu Beginn des Spiels hüpfen alle Kinder wie Frösche über die Spielfläche. Dann beginnt der Spielleiter mit den Kommandos. Die Kinder reagieren auf die Kommandos, die natürlich mehrmals wiederholt werden können. Wenn alle Frösche versteckt sind und der Pfiff ertönt, ist das Spiel zu Ende.

Zum Weitermachen

Natürlich gibt es viele Bücher zum Thema „bewegte Sprachspiele". Hier eine kleine Auswahl:

Finger- und Bewegungsspiele:

R. Pousset: Fingerspiele und andere Kinkerlitzchen (rororo)
W. Singer/E. Schirmer: Der neue Daumen Knuddeldick
(Ravensburger)
E. Meiners: Links ein Ohr und rechts ein Ohr (Ravensburger)
Chr. Zeuch: Sitzt ein Zwerg auf dem Berg (Benziger Edition)
B. Cratzius/S. Brauer: Tippel, tippel, tapp, Finger auf und ab

Musikkassetten zum Mitmachen:

D. Jöcker: Ich bin der kleine Zappelmann, Fingerspiellieder
von 0-6 Jahren (Menschenkinder)
D. Jöcker: 1,2,3 im Sauseschritt, Spiellieder zum Mitmachen,
ab 2 Jahren (Menschenkinder)

Bilder
und
Geschichten

Kinder sollen ermuntert werden,
auch eigene Zeichnungen
sprachlich zu erläutern. Dabei
erkennen Kinder, daß gleiche
Bilder mehrere Deutungen zulassen.

Ende gut, alles gut

Kinder können spielerisch den Umgang mit Büchern erproben.
Zunächst aber einige grundsätzliche Gedanken zum Umgang mit Bildern, Geschichten und Bildergeschichten.
Schauen sich Erwachsene und Kinder gemeinsam ein Bilderbuch an, dann ist es wichtig, daß die Kinder die Bilder sprachlich begleiten und so ihre eigene Geschichte erzählen können. Hierzu können Kinder durch Fragen zum Inhalt ermuntert werden.
Wenn eine Geschichte vorgelesen wird, sollte der Inhalt nach dem Vorlesen (z. B. durch „Warum?"– und „Was passierte dann?"– Fragen) nochmals sprachlich aufgearbeitet werden.

Kinder sollen ermuntert werden, auch eigene Bilder (Zeichnungen) sprachlich zu erläutern. Dabei erkennen Kinder, daß
oftmals gleiche Bilder mehrere Deutungen zulassen.
Eine Unterhaltung zwischen (Erwachsenen und) Kindern
kann ein Bild oder ein Bilderbuch als Ausgangspunkt haben
und sich dann thematisch weit über dieses Thema hinaus bewegen, denn Bilder lassen viel Raum für Phantasie.
Durch Bücher bekommen Kinder die Möglichkeit, sich mit
den verschiedensten Personen zu identifizieren und sich
außerdem in unterschiedlichen Situationen mit diesen und
anderen Personen auseinanderzusetzen.
Durch den Umgang mit Vorlesegeschichten werden Wortschatz und Symbolverständnis erweitert.
Durch Vorlesegeschichten üben Kinder auch eine ganz wichtige Funktion im Umgang mit anderen Menschen: das
Zuhören.
Eine weitere wichtige Funktion, die für das Lernen von großer
Bedeutung ist, wird trainiert: die Konzentration.
Bücher zu verschiedenen Themen und anschließende Ge-
spräche tragen natürlich viel zur Meinungsbildung bei.

Nun gilt es, selbst etwas zu erzählen. Eine vorgegebene Geschichte zu Ende zu erzählen und damit den Verlauf je nach Tagesform und persönlichem Befinden zu beeinflussen, macht Kindern großen Spaß, denn an anderen Tagen kann die gleiche Geschichte ja ganz anders enden.

Die Fotogeschichte

Die Familie schaut sich zusammen einige alte Familienfotos an. Ein Erwachsener beginnt, eine Geschichte rund um ein Foto zu erzählen. Das Kind kann sich dann einen Schluß zu dieser Geschichte ausdenken. Vielleicht läßt sich ja aufklären, wie die Geschichte tatsächlich ausgegangen ist. Ein kleines Beispiel:
Man sieht Opa und Oma mit Koffern auf einem leeren Bahnsteig. Sie haben den Zug in den Urlaubsort verpaßt. Was haben sie dann gemacht?
Nachdem die Kinder sich überlegt haben, wie es denn weitergegangen sein könnte, wird bei Oma und Opa nachgefragt. Sie können dann erzählen, wie die Urlaubsfahrt tatsächlich ausging.

Mit Kindern ab 5 Jahren

Die geheimnisvolle alte Scheune

Wichtig ist hierbei, daß Mutter oder Vater bereits zu Beginn der Geschichte ein Stofftier zu sich nehmen, das auch gespannt zuhört.
Das Ende der Geschichte fehlt, wo ist es nur geblieben?
Aber immer der Reihe nach. Zunächst erzählt ein Erwachsener folgende (oder eine eigens ausgesuchte) Geschichte:

Mit Kindern ab 4 Jahren

Erzählgeschichte

Susi und Fridolin sind in den Sommerferien zu Besuch bei ihrer Tante Auguste. Tante Auguste lebt auf einem Bauernhof. Aber sie lebt dort nicht allein. Auf dem Bauernhof gibt es noch vier Kühe, fünf Schweine und sechs Katzen. Die Tiere haben es sehr gut bei Tante Auguste. Die Kühe leben auf einer großen Wiese, die Schweine können sich im Dreck wälzen und die frechen Kätzchen laufen auf dem ganzen Bauernhof herum. Sie spielen im Heu „Verstecken" und jagen kleinen Blättern nach, die der Wind schon von den Bäumen geweht hat.

Tante Auguste geht jeden Abend auf die Wiese, um die Kühe zu holen und in den Stall zu bringen. Manchmal begleiten Susi und Fridolin Tante Auguste auf die Wiese, aber an diesem Abend haben sie keine Lust. Sie spielen ein wenig mit den Kätzchen, doch bald wird es ihnen langweilig. Plötzlich hat Susi eine Idee. Sie will sich die alte, halb verfallene Scheune, die hinter Tante Augustes Haus steht, einmal näher ansehen. Zuerst gefällt Fridolin diese Idee sehr gut, doch es wird bereits dunkel. Er bekommt ein bißchen Angst und will doch lieber nicht mitgehen.

Susi will ihn überreden, mitzukommen. „Vielleicht kann man in dieser Scheune ganz toll spielen", erzählt sie Fridolin, „oder wir finden eine Schatztruhe, die vor langer Zeit jemand dort versteckt hat." Doch Fridolin ist nicht zu überreden. „Vielleicht ist es ja auch gefährlich", sagt er und beschließt, im Bauernhaus zu bleiben und auf Tante Auguste zu warten. Also holt Susi sich eine Taschenlampe aus Tante Augustes Küchenschrank und macht sich allein auf den Weg zur Scheune.

An der geheimnisvollen Scheune angekommen, öffnet Susi die knarrende Tür. Sie geht ganz langsam und vorsichtig weiter hinein. Im Licht ihrer Taschenlampe sieht sie verrostete Geräte. Da sind Sensen, ein alter Pflug, ein paar Wagenräder. Sie geht ganz leise immer weiter hinein. Plötzlich hört sie ein Geräusch. War da nicht auch ein Licht? Sie versteckt sich ganz schnell hinter der verrosteten Tür, die früher mal zum Schweinestall gehörte ...
(Pause)

Nun hat doch tatsächlich (mit einer schnellen Handbewegung des Erzählers) das gefräßige Stofftier das Ende der Geschichte verschluckt und rückt dieses nicht wieder heraus. Wir wissen jetzt natürlich nicht, ob Susi tatsächlich ein Licht gesehen hat, aber wir wissen, daß sie ein Geräusch gehört hat. Der Erzähler ermuntert nun das Kind, sich zu überlegen, was das für ein Geräusch gewesen und wie diese Geschichte ausgegangen sein könnte.

Oft kommen sehr phantasievolle Antworten der Kinder. Lassen Sie sich Zeit für das Gespräch und fragen Sie ruhig nach. „Und was passiert noch? Und was passiert dann?" Werden Sie aus der Geschichte eines Kindes nicht so recht schlau, dann wiederholen Sie mit Ihren eigenen Worten in Form einer Frage nochmals die Geschichte dieses Kindes („Du meinst also, daß...?").

Wenn die Geschichte gleich mehreren Kindern vorgelesen wird, macht es oft Spaß, das Ende der Geschichte zu malen. Jedes Kind hat sich ein anderes kurzes oder längeres Ende ausgedacht. Die Kinder hören nun, daß jedes Kind andere Phantasien hat. Wird dieses Ende auch noch zu Papier gebracht, dann können die Kinder dies auch sehen, also über einen weiteren Sinn erfahren. Durch das Malen wird auch deutlich, daß jedes Kind eine andere Vorstellung von der Scheune, von Fridolin oder Susi hat.

Wichtig ist hierbei, daß die Kinder erkennen, daß andere Kinder auch andere (nämlich eigene) Gedanken und Phantasien haben und diese mit ihren individuellen Möglichkeiten zu Papier bringen.

Das eigene Bild zum Ende der Geschichte ist nicht besser oder schlechter als die Bilder der anderen.

Diese Erkenntnis ist wichtig für Autonomie und Selbstbewußtsein.

Bildergeschichten

Eine Rollerfahrt mit Beulen

Bildergeschichten müssen nicht immer ellenlang sein. Nehmen wir zum Beispiel diese hier:

Mit Kindern ab
4 Jahren

Diese Bildergeschichte bietet eine Menge Sprachanregun-
gen. Die jeweiligen Schwerpunkte sowie mögliche Fragen,
die von Mutter oder Vater gestellt werden können, sind im
folgenden Schema kurz aufgeführt:

Erzählen (Das Kind erzählt spontan seine Beobachtungen):
„Was siehst du auf den Bildern?"

Nacherzählen (Das Kind erzählt den Ablauf der Geschichte, so wie es ihn verstanden hat):
„Was passiert zuerst, danach und am Schluß?"

Beschreiben (Details erkennen):
„Wie sieht der Junge aus?"
„Wie viele Roller siehst du?"
„Hat das Mädchen lange oder kurze Haare?"

Dazuerfinden (Der Geschichte durch Sprache einen größeren Rahmen geben):
„Wo könnte der Junge gerade herkommen?"
„Wo möchte das Mädchen mit dem Roller hinfahren?"
„Wer sind der Mann und die Frau im zweiten Bild?"

Weitererzählen (Die Phantasie sprechen lassen):
„Wie könnte die Geschichte weitergehen?"
„Wie reagieren die Kinder, wie reagieren die Erwachsenen?"

Nachspielen (Bilder und Erzähltes spielerisch in Bewegung und Worte (Dialoge) umsetzen).
„Wer übernimmt welche Rolle?"

Dieses Schema mit den Stichwörtern:
Erzählen, nacherzählen, beschreiben, dazuerfinden, weitererzählen und nachspielen läßt sich auf nahezu alle Bildergeschichten anwenden.

Das letzte Bild

Die folgenden Situationen kommen in der ein oder anderen Version in jedem Familienleben vor. Sie laden dazu ein, über die verschiedenen Konfliktsituationen zu sprechen und eventuell in einem Spiel die Rollen zu tauschen.
Das letzte Bild einer jeden Geschichte wurde freigehalten. Nachdem Sie mit ihrem Kind über die verschiedenen Situationen gesprochen und vielleicht auch mit vertauschten Rollen gespielt haben, kann nun jedes Kind eine Konfliktlösung malen und der Geschichte somit ein Ende geben.

Mit Kindern ab
5 Jahren

Die verloren gegangene Jacke

1. Robert ist auf dem Weg nach Hause. Er hat seinen Ball dabei und kickt ihn vor sich her. Plötzlich kommt die Sonne hinter den Wolken hervor. Es wird ihm sehr warm. Er zieht seine Jacke aus und hängt sie sich über seine Schultern.

2. Da passiert etwas Dummes. Der Ball fliegt nach einem guten Schuß ein wenig zu hoch und landet in einem Baum auf einer Astgabel. Robert muß auf den Baum klettern, um den Ball wiederzuholen. Dabei stört ihn die Jacke. Er legt sie auf die Wiese.

3. Vor Freude über den Ball, den er nun wiederbekommen hat, vergißt er, seine Jacke mit nach Hause zu nehmen. Als er nach Hause kommt, schimpft seine Mutter mit ihm.

4. ...

Du machst mir alles kaputt

1. Der Vater wäscht das Auto. Uli sitzt dabei und sieht zu.
Dann holt er sich einen Schwamm und möchte mithelfen.

2. Der Vater verbietet Uli, ihm zu helfen. Er hat Angst, daß
Kratzer in das Auto kommen. Uli ist traurig.

3. ...

Der Wutanfall

1. Thomas, Anna und Axel haben sich zum Spielen verabre-
det. Thomas und Anna sitzen an einem Tisch und spielen
Memory. Axel läuft durch den Raum. Ihm ist langweilig.

2. Axel geht zum Tisch und nimmt Thomas und Anna die
Memorykärtchen weg. Er dreht sie alle um und wirft sie
durch den Raum.

3. Anna und Thomas sammeln die Memorykärtchen wieder
ein. Aber Axel hört nicht auf, sie beim Spielen zu stören.

4. ...

Weiteres Material

Von Ravensburger:
Spielgeschichten (Bildergeschichten legen)
Der kleine Herr Jakob
(Bildergeschichten-Quartett von H.-J. Press)

Reihe „Primärmaterial ab 2,5 Jahren"
In Stadt und Land (Nach Dominoart entstehen Bildergeschichten)

Alle Bücher von M. und R. Rettich, z.B.
Was ist hier los?
Hast du Worte?

Alle Bücher von A. Mitgutsch, z.B.
Rundherum in meiner Stadt
Bei uns im Dorf

E.O. Plauen, Vater und Sohn, Bildergeschichten Band 1-3

Bildwörterbücher:
M. Paschmann/D.-H. Teichmann,
Bildwörterbuch für Kinder (Duden)
Mein erster Brockhaus (Brockhaus)

Wenn es Probleme gibt...

Wenn ein Kind nicht
   wie andere Kinder spricht,
gibt es viele Hilfen.

Eines gleich am Anfang: meist besteht kein Grund zur Besorgnis, wenn
ein Kind von der normalen Sprachentwicklung abweicht. In welchen
Fällen aber doch ein Fachmann oder
eine Fachfrau aufgesucht werden
sollte, erfahren Sie hier. Ganz allge-
mein wird ein Kind als auffällig
bezeichnet, wenn die Entwicklung der Sprache im Vergleich
zur Altersgruppe zeitlich deutlich verzögert ist. In den meisten Fällen verstehen Eltern ihr Kind gut,
auch wenn eine Sprachauffälligkeit
vorliegt. Da sie täglich mit ihrem
Kind sprechen, hören sie sich fast automatisch und unbemerkt in die fehlerhafte Sprache hinein. Oft machen
erst Bemerkungen anderer zur Sprache des Kindes die Eltern stutzig.

**Nicht immer
besteht
Grund zur
Besorgnis**

Diese werden häufig von Erzieherinnen oder Bekannten und Verwandten, die das Kind nicht so häufig sehen, geäußert. Möglicherweise fällt den Eltern auch beim Vergleich mit anderen gleichaltrigen Kindern auf, daß diese schon mehr oder deutlicher sprechen, als das eigene Kind. Fühlen Sie sich als Eltern verunsichert, dann sollten Sie keine Hemmungen haben, sich bei Fachleuten in einem Beratungsgespräch Klarheit zu verschaffen. Ob ein Kind tatsächlich Sprachförderung braucht oder nicht, muß im Einzelfall immer durch einen Sprachtherapeuten entschieden werden.

Grundlegende Informationen zum Thema Sprachstörungen gibt eine Broschüre des Hessischen Instituts für Bildungsplanung und Schulentwicklung.
Diese Broschüre erschien in einer Sonderreihe mit dem Titel:

Wenn ein Kind nicht spricht wie andere Kinder ... was tun?
(Heft 28, Best.-Nr. 50768)

Gegen einen Rechnungsbetrag von 4 DM
schriftlich zu bestellen bei:

Hessisches Institut für Bildungsplanung
und Schulentwicklung (HIBS)
Bodenstedtstraße 7, 65189
Wiesbaden,
Telefon: 06 11/34 20

Persönliche Beratung

Ein offenes Ohr finden Sie bei folgenden Stellen:

Öffentliche Kinder-Jugend-Eltern-Beratungsstellen gibt es in jeder größeren Stadt. Hier werden Sie kostenlos beraten. Sollte an der Beratungsstelle selbst kein Logopäde oder Sprachheilpädagoge beschäftigt sein, bekommen Sie dort Adressen von niedergelassenen Fachleuten. Für eine Beratung ist keine Überweisung des Kinderarztes erforderlich.

Sprachberatungsstellen der Gesundheitsämter finden Sie in jedem Kreis- oder Stadtgesundheitsamt. Auch diese Beratung ist unverbindlich und ohne Überweisung des Kinderarztes möglich. Falls nötig, bekommen Sie auch dort Adressen von Fachleuten, an die Sie sich wenden können.

Sprechen Sie mit Ihrem Kinderarzt. Er kann Ihnen ein Rezept ausstellen, mit dem Sie niedergelassene Logopäden oder Sprachheilpädagogen direkt um Rat fragen können. Trotz der langen Wartezeiten auf Therapieplätze (derzeit mindestens 6 Monate, die Wartezeiten können von Ort zu Ort variieren) bekommen Sie recht schnell einen Beratungstermin. Die Adressen finden Sie in den Gelben Seiten oder Sie bekommen sie bei einer der oben genannten Institutionen.

Manchmal sind Hörstörungen alleinige Ursache oder zumindest mitverantwortlich für Sprachstörungen. Ihr Kinderarzt stellt Ihnen auch eine Überweisung zum Hals-Nasen-Ohrenarzt aus, damit das Gehör überprüft werden kann.

In aller Kürze –
Die häufigsten Sprachstörungen im Kindesalter

1. Stottern
Wa wa was ist dddenn hier los?

Auf Stottern als Sprechstörung weisen folgende Anzeichen hin:

Gehemmter Sprechfluß ist noch kein Grund zur Sorge. In einer Prüfungssituation zum Beispiel oder in großer Aufregung verhaspelt sich auch jeder „Normalsprecher" öfter mal.
Bei Kindern treten während der Sprachentwicklung häufig Probleme im Sprechfluß auf. Sie müssen erst lernen, die vielen Funktionen, die am Sprechen beteiligt sind, aufeinander abzustimmen. Außerdem können Kinder ihre Gedanken und die Vielzahl der Eindrücke, die sie mitteilen wollen, nicht so schnell in Worte fassen. Wort- und Silbenwiederholungen sind die Folge. Dieses Entwicklungsstottern wird von etwa 80 Prozent aller Kinder zwischen dem 2. und 5. Lebensjahr als eine Phase auffällig hastigen Sprechens durchlaufen. Es klingt normalerweise nach einigen Monaten wieder ab.

■ Das Entwicklungsstottern verschwindet nicht bis zum Ende des 5. Lebensjahres.

■ Unterbrechungen im Redefluß treten häufiger und stärker ausgeprägt auf als bei entwicklungsbedingt unflüssig sprechenden Kindern.

■ In einigen Situationen spannt das Kind alle Muskeln krampfartig an, bekommt aber keinen Ton heraus.

■ Das Kind hat vor bestimmten Worten Angst, vermeidet sie oder ersetzt sie durch andere.

■ Das Kind fürchtet sich vor Situationen, in denen es aufs Sprechen ankommt und versucht, diese zu umgehen. Es ist sich seines Stotterns bewußt.

■ Das Kind vermeidet Blickkontakt.

■ Das Stottern ist mit Atemauffälligkeiten verbunden. Das Kind teilt sich zum Beispiel seinen Atem zum Sprechen falsch ein oder spricht sogar während des Einatmens.

■ Da die Störung noch schlimmer wird, wenn ein stotterndes Kind dauernd ermahnt und sich dadurch seiner Störung bewußt wird, ist es hier besonders wichtig, sich an die eigene Nase zu fassen und die „Checkliste" am Anfang dieses Buches in allen Punkten zu beherzigen.

Die „Bundesvereinigung Stotterer Selbsthilfe e.V." hat einen Elternratgeber mit dem Titel: „Wenn Ihr Kind stottert" herausgegeben, der gegen eine Gebühr von 5 DM auf Rechnung unter der Adresse: Kasparstr. 4, 50670 Köln 1 zu beziehen ist. Die telefonische Bestellung ist unter der Nummer 0221/730731 möglich.

Ein weiteres hilfreiches Buch zum Thema Stottern: A. Irwin: „Mein Kind fängt an, zu Stottern", Trias-Thieme-Hippokrates-Verlag Durch ein leicht verständliches Selbsthilfeprogramm können Eltern Drucksituationen, die sich negativ auf das Sprechen des Kindes auswirken, erkennen und vermeiden lernen.

2. Poltern
Plappern ohne Punkt und Komma

3. Stammeln
Wenn aus Kasse Tasse wird (Dyslalie)

Das Sprechen eines polternden Kindes hört sich etwa an wie das Stottern. Es ist gekennzeichnet durch überschnelles Sprechtempo sowie durch Auslassen, Zusammenziehen und Wiederholen von Wörtern und Silben. Am Anfang der Sprachentwicklung ist dies durch die noch nicht ausreichende Schulung der Sprechwerkzeuge völlig normal. Doch nach dem 5. Lebensjahr sollte das Sprechen des Kindes gut verständlich sein.

Stammelnde Kinder können (je nach Schweregrad) einzelne oder mehrere Laute und deren Lautverbindungen nicht korrekt bilden. Die wohl bekannteste und harmloseste Art des Stammelns ist das Lispeln. Beim schweren Stammeln wird die Sprache nahezu unverständlich. Auch hier gibt es ein Entwicklungsstammeln. Bis zum Ende des 5. Lebensjahres sollten jedoch alle Laute korrekt gebildet werden.
Die häufigsten Arten des Stammelns sind:

■ Lautauslassungen: Schmetterling- metterling

■ Ein Laut wird durch einen anderen ersetzt: Gabel – Dabel

■ Ein Laut wird falsch ausgesprochen: rot – chot

■ Einzellaute, die das Kind deutlich sprechen kann, werden an bestimmten Wortstellen ver-

tauscht: Statt Kante – Tante, aber statt tragen – kragen

■ Einzellaute, die das Kind deutlich sprechen kann, werden nur in bestimmten Lautverbindungen nicht gesprochen: Blatt – Batt, aber Brille – Bille

4. Dysgrammatismus Wenn ich Schule gehe, lesen Buch

Auch Dysgrammatismus kommt bei jedem Kind entwicklungsbedingt im Verlauf der normalen Sprachentwicklung vor. Einfache Satzstrukturen sollten bis zum 4. Lebensjahr aber richtig formuliert werden, bei der Beugung von Verben und Substantiven können bis zum Schulalter noch kleinere Fehler auftreten.

Als Störung kann Dysgrammatismus erkannt werden, wenn Kinder die grammatikalischen Regeln total verlassen, z.B. den Satzbau verändern. Oft werden Wörter auch einfach nur ohne Verbindung aneinandergereiht. Die Artikel *der/die/das* werden

falsch oder gar nicht gebraucht. Ein Beispiel: Ein Kind kommt nach Hause und erzählt: *„Spaghetti Kindergarten geeßt",* was heißen soll: Ich habe heute im Kindergarten Spaghetti gegessen.

Handelt es sich um schweren Dysgrammatismus, spricht das Kind nur noch im „Telegrammstil" und ist nicht in der Lage, eigene Gedanken verständlich auszudrücken. In diesem Fall fällt es dem Kind sogar schwer, Sätze korrekt nachzusprechen.

5. Sprachentwicklungsverzögerung

Setzt der Spracherwerb später und auffallend verlangsamt ein (erste Worte nach dem 18. Lebensmonat) und entwickelt sich anschließend fehlerhaft, spricht man von Sprachentwicklungsverzögerung. Es treten mehrere der oben genannten Sprachauffälligkeiten gleichzeitig auf. So stellen Stammeln, Dysgrammatismus und ein eingeschränkter Wortschatz die Hauptkennzeichen ei-

ner Sprachentwicklungsverzögerung dar. Diese Sprachauffälligkeit ist häufig von einer ebenfalls
verspäteten körperlich-motori-
schen Entwicklung begleitet.
Außerdem fallen die Kinder oft
durch Hyperaktivität oder extre-
me Zurückgezogenheit, Unge-
schicklichkeit und eingeschränk-
te Konzentrations- und Merk-
fähigkeit auf. Bei der schwersten
Form der Sprachentwicklungsverzögerung kann der Spracherwerb ohne therapeutische Hilfe
auch ganz ausbleiben.

Grundsätzlich gilt:

Bei der Einschulung sollte ein
Kind richtig sprechen können.
Da die Wartezeiten auf einen
Therapieplatz sehr lang sind, sollte in jedem Fall frühzeitig eine
Beratung aufgesucht werden. Je
nach Schweregrad der Sprachauffälligkeit muß mindestens mit
6 Monaten Therapiezeit gerech-
net werden.

Bestehen Bedenken, ob es sich
um eine entwicklungsbedingte
oder behandlungsbedürftige

Sprachauffälligkeit handelt, können sich Eltern durch einen ein-
maligen Informations- bzw. Dia-
gnostiktermin Klarheit verschaffen. Im Zweifelsfall empfiehlt es
sich immer, das Kind vorsorglich
schon mit etwa 4 Jahren für einen Therapieplatz anzumelden.
Wenn das Sprechen des Kindes
bis zur ersten Therapiesitzung
nicht mehr auffällig ist, freut sich
ein anderes Kind über den kurz-
fristig frei gewordenen Platz.

Besteht die Sprachauffälligkeit jedoch nach der Wartezeit immer
noch, bleibt für eine Sprachtherapie noch genügend Zeit bis
zur Einschulung.

Sprachtherapie

Wenn eine Sprachtherapie not-
wendig wird, haben Eltern viele
Fragen.
Es ist wichtig zu wissen, daß es
„die Sprachtherapie" eigentlich
nicht gibt.
Jede Therapiestunde wird dem
Störungsbild, dem Alter und dem
Verhalten des jeweiligen Kindes
angepaßt.

Oft existiert bei Eltern eine Hemmschwelle, ihr Kind bei Fachleuten vorzustellen. Sie kommen in Konflikte, und es stellen sich viele Fragen ein. Für alle, die irgendwann einmal mit Sprachtherapie zu tun haben, hier nun ein paar mögliche Antworten auf mögliche Fragen:

■ Eine Sprachtherapie findet im allgemeinen einmal pro Woche für etwa 45 Minuten statt. Liegt ein Rezept vom Arzt vor, werden die Kosten von der Krankenkasse vollständig übernommen.

■ Ob Eltern während der Therapie dabei sind, ob Gruppen- oder Einzeltherapiestunden durchgeführt werden, hängt von der Sprachstörung und vom Verhalten des Kindes ab.

■ Es wird darauf geachtet, daß die Kinder gerne kommen und die Therapie Spaß macht. Daß sie spielend Sprechen lernen, ist den Kindern meist gar nicht bewußt, da die Sprach- und Sprechübungen im Vorschulalter in altersgerechte Spiele wie Memory, Lotto, Domino u.a. verpackt werden. Außerdem sind in einer logopädischen Praxis Spiele und Mobiliar wie in einem Kindergarten vorhanden.

■ Eltern erhalten Informationen über Aufbau, Inhalt und Verlauf der Förderung. Weiterhin wird versucht, die Eltern in den Förderprozeß einzubeziehen. Da Kinder im Vorschulalter noch stark durch Nachahmung lernen und sehr auf ihre Bezugspersonen fixiert sind, ist es notwendig, daß auch die Eltern ein gutes Sprachvorbild darstellen und bestimmte Übungen und Verhaltensweisen zu Hause übernehmen. Dadurch können auch Eltern und andere Bezugspersonen aktiv mithelfen, die Sprach- und Sprechfähigkeiten des Kindes zu verbessern.

■ Eine regelmäßige Teilnahme an der Therapie ist natürlich die Voraussetzung für baldigen Erfolg.

Zum Weiterlesen

G. Brüggebors:
So spricht mein Kind richtig   rororo

Dieses Buch beinhaltet viele Spieleanregungen zu den unter-
schiedlichsten Bereichen, die alle Sprache fördern können.
Sehr leicht verständlich und übersichtlich geht die Autorin
auch auf die Themenbereiche Sprachstörungen und zwei-
sprachige Erziehung ein.

A. von Schwerin:
Sprache haben – Sprechen können   Herder

Die Autorin zeigt Möglichkeiten auf, sprach- und redeflußauf-
fälligen Kindern zu helfen.
Sie geht ausführlich (aber gut verständlich) auf Sprachentwicklung und Sprachstörungen ein.
Praktische Kindergartensituationen werden besprochen, zu-
dem gibt es viele Spielanregungen.

Schlußwort

Zum Thema Fernsehen

Eine Untersuchung der Mainzer Universitätsklinik für Kommunikationsstörungen brachte es an den Tag: Innerhalb von 10 Jahren (1982-92) stieg die Zahl der Kinder im Vorschulalter mit Sprachstörungen von 4 auf 25%. Auch in anderen Bundesländern bestätigen die Kultusministerien diese alarmierende Entwicklung (Quelle: ELTERN Heft 10/95). „Kinder, die häufig vor dem Fernseher sitzen, hören immer gepflegte Sprache, können sich gut konzentrieren und lernen noch etwas dabei." Ein fataler Denkfehler vieler Eltern. Denn in der Mehrzahl der Kindersendungen, aber auch der Video- und Computerspiele wechseln schnelle Bild- und Tonfolgen rasch hintereinander, und Gewalt ist an der Tagesordnung. Hier ist die kindliche Wahrnehmung absolut überfordert. Die Kinder sind dadurch überreizt, können sich nicht richtig konzentrieren. Die Handlung ist Nebensache, sie wird häufig

gar nicht verstanden. Außerdem sitzen Kinder oft allein vor dem Fernseher und haben dadurch keine Möglichkeit, das Gesehene und Gehörte sprachlich zu verarbeiten. Hierdurch wird das Kind zum puren Konsumenten, denn es kann ja nicht aktiv kommunizieren.

Fernsehkonsum kann die Bewegungs- und Wahrnehmungserfahrungen, wie zum Beispiel Ausflüge, Gespräche und Spiele mit der ganzen Familie, die für die Sprachentwicklung eine so wichtige Rolle spielen, nicht ersetzen.

Es ist natürlich nichts gegen einige kindgerechte Sendungen zu sagen, die vielleicht lehrreich sind oder einfach nur spannend oder lustig. Diese, in Maßen genossen, richten sicherlich keinen Schaden an. Wenn solche Sendungen mit den Eltern gemeinsam ausgewählt und angesehen werden und wenn hinterher darüber gesprochen wird, können sie sogar durch die sprachliche Verarbeitung die Sprachentwicklung unterstützen.
Jedoch wird in vielen Familien zu

wenig miteinander gesprochen, und zuviel ferngesehen. Außerdem fehlt es in den Städten an Freiraum für Kinder. Es mangelt mehr und mehr an Bewegungsraum. Dafür kommen immer mehr Verbote hinzu. Kinder werden hierdurch in ihrer gesamten Entwicklung stark eingeschränkt: Ihnen wird der Mut genommen, sich aktiv mit Neuem auseinanderzusetzen, etwas auszuprobieren, eigene Ideen und Phantasien zu entwickeln.

Ein verzögerter Sprechbeginn, eingeschränktes Sprachverständnis, geringer Wortschatz, falsche Grammatik, unverständliche Aussprache oder beschränkte Fähigkeiten zu kommunizieren können die Folge sein. Dies kann fatale Folgen haben, denn Kinder, die nicht verstanden werden, versuchen oft, durch Aggressivität oder andere Verhaltensauffälligkeiten auf sich aufmerksam zu machen. Hier sind Eltern, Erzieherinnen und vor allem Kinderärzte aufgefordert, die Kinder genau zu beobachten, frühzeitig auf die ersten Symptome zu achten, eine Bera-

tung zu besuchen und gegebenenfalls Fördermaßnahmen einzuleiten.

Fazit: Sprechen, spielen, erleben wir wieder mehr mit unseren Kindern. So können wir ihre Entwicklung am besten unterstützen. Hierzu können die Spiele in diesem Buch einen Beitrag leisten.

Achim Schenk

Bewegung macht Spaß

Spielerisch die Motorik unterstützen

Immer wieder stellen Eltern fest, daß ihr Kind bewegungsfaul ist oder daß es seine Bewegungen nicht optimal koordinieren kann. Sie sorgen sich um die Entwicklung ihres Sprößlings. Hier kommt der Band „Bewegung macht Spaß" gerade recht. Er bietet nicht nur eine Fülle von Ideen und Spielen an, den Eltern werden Auffälligkeiten leicht verständlich erklärt - und damit mögliche Ängste genommen.

96 Seiten mit zahlreichen Abbildungen
DM 24,80/öS 184,00/sFr 24,80
ISBN 3-7664-9317-5

Gisela und Elmar Esser

Gesund und fit

Familie und Gesundheit

Gesundheit ist eines der wichtigsten gesellschaftlichen Themen. Die Anzahl der sogenannten Zivilisationskrankheiten steigt. Diese sind vielfach auf ungesunde und fehlerhafte Lebensführung zurückzuführen.
Aus der eigenen Praxis in der Familie und mit viel Fachwissen haben die Autoren, vieles zusammengetragen, das für eine gesunde Lebensführung unentbehrlich ist.

96 Seiten mit zahlreichen Abbildungen
DM 24,80/öS 184,00/sFr 24,80
ISBN 3-7664-9302-7

Maja Hasenbeck

Mit Kind und Kegel

In die Ferien fahren

Was gibt es Schöneres als die Ferien? Zumindest für die Kinder; für die Eltern bedeuten Ferien auch Streß. An was da alles gedacht werden muß, wieviel Planung und Vorbereitung das erfordert. Wo soll es hingehen? Was muß mitgenommen werden? Was kann am Ferienort unternommen werden? Die Autorin schöpft aus reicher Erfahrung. Sie ist reiseerfahren mit und ohne Kinder.

96 Seiten mit zahlreichen Abbildungen
DM 24,80/öS 184,00/sFr 24,80
ISBN 3-7664-9301-9

Eckart Bücken	**Regina Grabbet**	**Eckart Bücken**

Ein schöner Tag

Feste in der Familie

Feste in der Familie, was gibt es da nicht alles zu feiern, vom ersten Zahn über die Geburtstage von Kindern, Eltern und Großeltern, von der Einschulung zu Kommunion und Konfirmation, vom Mutter- und Vatertag bis zu den Hochzeitsjubiläen.
Alle Feste werden präsentiert von der Vorbereitung bis zur Verabschiedung der kleinen oder großen Gäste.

Geschenke selber machen

Kinder basteln kreativ

Wie oft geht es bei Kindern doch um Geschenke! Natürlich warten die lieben Kleinen bei jeder Gelegenheit darauf, etwas geschenkt zu bekommen. Doch sie schenken auch gerne selbst - und freuen sich riesig über die Freude der Beschenkten.Die Autorin ist überzeugt davon, daß Kinder eigentlich am liebsten in einen eigenen kreativen Prozeß einsteigen, um Geschenke selber anzufertigen.

Zuhören können

Mit Kindern die Stille entdecken

In unserer lärmbedrohten Welt wird es immer wichtiger, auch einmal in sich selbst hineinzuhören. Das gilt für unsere Kinder ebenso wie für uns selber. Nicht nur die äußeren Eindrücke prägen; in uns ist vieles angelegt, das sich näher zu betrachten lohnt.
Um das Kennenlernen der Kräfte, Bilder und Visionen, die in uns stecken, geht es in diesem Band.

96 Seiten mit zahlreichen Abbildungen
DM 24,80/öS 184,00/sFr 24,80
ISBN 3-7664-9306-X

96 Seiten mit zahlreichen Abbildungen
DM 24,80/öS 184,00/sFr 24,80
ISBN 3-7664-9316-7

96 Seiten mit zahlreichen Abbildungen
DM 24,80/öS 184,00/sFr 24,80
ISBN 3-7664-9315-9